말과 마음: 필리핀 문화와 선교의 길

"Wika at Damdamin: Daan Tungo sa Kulturang Pilipino at Misyon"

말과 마음

발행일   2026년 3월 15일

지은이   박정배
펴낸이   손형국
펴낸곳   (주)북랩

출판등록   2004. 12. 1(제2012-000051호)
주소   서울특별시 금천구 가산디지털 1로 168, 우림라이온스밸리 B동 B111호, B113~115호
홈페이지   www.book.co.kr
전화번호   (02)2026-5777   팩스   (02)3159-9637

ISBN   979-11-7598-165-2 03230 (종이책)   979-11-7598-166-9 05230 (전자책)

작가 연락처 문의 ▸ ask.book.co.kr

전용 게시판에 문의를 남기시면 저자에게 직접 전달됩니다.

(주)북랩 성공출판의 파트너

북랩 홈페이지와 SNS에서 다양한 출판 솔루션을 만나 보세요!

홈페이지 book.co.kr   •   **블로그** blog.naver.com/essaybook   •   **출판문의** text@book.co.kr
카톡채널 북랩

필리핀 문화와 선교의 길

말과 마음

박정배 지음

북랩

말에서 마음으로, 선교의 길을 다시 묻다

선교지에 처음 발을 디뎠을 때, 저는 '복음을 전할 말'을 준비하고 있었습니다. 그러나 시간이 흐를수록 복음은 말로 전해지지만, 결코 말만으로는 전해지지 않는다는 사실을 깨닫게 되었습니다.

필리핀에서의 사역은 제게 언어의 한계와 문화의 깊이를 동시에 가르쳐 주었습니다. 같은 단어를 사용해도 의미가 다르게 전달되고, 선한 의도로 건넨 말이 관계의 벽이 되기도 했습니다.

'왜 이해되지 않을까?'라는 질문은 돈 '나는 과연 이들의 마음을 알고 있는가?'라는 물음으로 바뀌었습니다. 이 책은 그 질문에서 출발합니다.

이 책은 필리핀 문화를 설명하기 위한 책이 아닙니다.

또한 선교의 성공 사례를 나열하는 보고서도 아닙니다.

이 책은 한 선교사가 언어를 배우며, 관계에 부딪히며, 실패하고 다시 배우는 과정 속에서 복음이 어떻게 '말'에서 '마음'으로 건너

가는지를 기록한 사역의 여정입니다.

필리핀의 언어 속에는 그들의 삶이 담겨 있습니다.

'hiya(체면)'에는 관계를 지키려는 섬세한 마음이 있고, 'utang na loob(은혜의 빚)'에는 공동체적 책임과 감사의 세계관이 담겨 있으며, 'ok lang'이라는 말 속에는 상처를 드러내지 않으려는 정서가 숨어 있습니다. 이 언어와 문화를 이해하지 않고서는 복음 또한 그 깊이에 닿기 어렵다는 것을 저는 현장에서 배웠습니다.

그래서 이 책은 언어를 단순한 선교의 도구로 다루지 않습니다. 언어는 복음을 담는 그릇이 아니라, 그 자체로 하나님 나라가 연습되고 드러나는 사역의 자리임을 이야기하고자 합니다.

말을 배우는 과정은 곧 마음을 배우는 훈련이며, 관계를 존중하는 태도는 복음의 진실성을 증명하는 길이기 때문입니다.

이 책이 필리핀에서 사역하는 선교사와 선교를 준비하는 이들에게 현장의 고민에 닿는 작은 길잡이가 되기를 바랍니다. 또한 신학

   말과 마음: 필리핀 문화와 선교의 길

생과 교육자, 단기 선교를 준비하는 교회와 성도들에게 '결과보다 관계, 속도보다 존중'을 선택하는 선교의 방향을 함께 고민하는 계기가 되기를 소망합니다.

더 나아가, 이 책이 타갈로그로 번역되어 필리핀 독자들에게도 읽히게 된다면, 그것은 한국 선교사가 가르치기 위해 쓴 책이 아니라 함께 배우기 위해 기록한 하나의 대화가 될 것입니다. 선교는 일방적인 전달이 아니라, 하나님 안에서 서로의 언어와 마음을 배워 가는 동행이기 때문입니다. 복음은 언어를 통해 전달되지만, 마음을 통해 이해됩니다.

이 책이 '말'을 넘어 '마음'으로 복음을 건네는 선교의 길을 함께 모색하는 작은 동반자가 되기를 바랍니다.

2026년 2월

†

"복음은 설교보다 문화와 언어로 전달된다."

이 한 문장이 이 책의 전부를 말해 줍니다. 그리고 이 문장은 박정배 선교사님의 삶 그 자체이기도 합니다.

저는 필리핀 선교를 위해 박정배 선교사님과 오랜 시간 함께 동역해 왔습니다. 그 세월 동안 가까이에서 지켜본 선교사님은 언어에 능통한 분이라는 말만으로는 도저히 다 담을 수 없는 분입니다. 선교사님은 필리핀의 말을 배운 것이 아니라 필리핀 사람들의 마음을 배운 분이십니다. hiya(수치심), pakikisama(조화), utang na loob(은혜의 빚)과 같은 필리핀 문화의 깊은 결을 머리가 아닌 삶으로 체득하셨고, 그 이해를 바탕으로 복음이 단순히 '번역된 말'이 아니라 '살아 있는 말'로 전해지도록 사역해 오셨습니다.

박정배 선교사님은 언어 사역뿐 아니라 선교 전반에 걸쳐 보기 드문 탁월함을 지니신 분입니다. 그러면서도 늘 자신을 낮추시고 드러내지 않으시는 겸손한 종의 모습을 간직하고 계십니다. 그런 분이 이렇게 한 권의 책으로 자신의 경험과 깨달음을 나누어 주신다는 것은, 후배 선교사들과 필리핀 문화를 이해하고자 하는 모든 이들에게 참으로 귀한 선물이 아닐 수 없습니다.

이 책은 단순한 선교 체험기가 아닙니다. 언어의 벽 앞에서 좌절하고, 관계 속에서 다시 배우며, 하나님의 침묵 속에서 그분의 음성을 들어온 한 선교사의 진솔한 고백입니다. 필리핀 선교를 준비하는 분들에게는 실질적인 안내서가 될 것이며, 이미 현장에 계신 분들에게는 자신의 사역을 돌아보게 하는 거울이 될 것입니다. 나아가 '선교란 무엇인가?'를 다시 묻는 모든 그리스도인에게 '말'을 넘어 '마음'으로 복음을 전한다는 것이 두엇인지를 깊이 생각하게 해줄 것입니다.

이 귀한 책이 많은 분들의 손에 들려지기를, 그리하여 문화와 언어의 벽을 넘어 복음이 마음과 마음으로 전해지는 선교의 길 위에 더 많은 동역자가 세워지기를 기도합니다.

빛과소금의교회 담임목사
장창영

| 차례 |

서문   5

추천사   8

1부 들어가는 말

선교에서 언어는 왜 중요한가?   20

필리핀 선교와 언어적 도전   22

필리핀 사회 문화의 개관   26

- Hiya(체면, 부끄러움, 혹은 품위를 지키려는 마음)   28
- Nahihiya(부끄러움, 수줍음)   30
- Kahihiyan(수치, 부끄러움의 감정)   33
- Pakikisama(조화)   35
- Ok lang   38
- Bahala na   42
- 필리핀인의 '운명과 자유'의 균형   45
- Utang na loob(은혜의 빚)   46
- Boss(권위와 관계의 문화 코드)   50
- Shortcut 문화 - 효율적인가, 회피인가?   54

2부 **필리핀 언어와 선교 현장**

교사 모집   68

주니어 하이스쿨 인가 받기   71

주니어 하이스쿨 이야기   74

나의 어린 시절 - '안 된다'는 말 속에서 길을 찾다   77

초등학교 인가   82

크리스천 스쿨 - Dynamic Christian Global School   84

타갈로그(Tagalog)와 필리피노(Filipino) - 복음 전파의 공용어   88

교회 개척 과정   89

필리핀 선교의 부정적 관점   92

　• 첫째, 현지 사역자의 신학적 준비 부족   92

　• 둘째, 언어의 문제   94

영어와 교육: 캠퍼스 도시 선교의 기회   96

코드 스위칭(Taglish) - 청년 세대와의 소통 방법   99

언어 장벽을 넘어선 선교적 접근 사례   102

3부 **문화 속 언어와 복음**

존칭과 위계 문화 - 복음 메시지를 전할 때의 태도   111

가족 중심 언어 - 관계 전도의 실제   114

기도 언어와 신앙 표현 토착 문화와 복음의 만남 … 119

· Maraming Salamat po, Panginoon(하나님. 감사합니다) … 119

· Bahala na ng Diyos(하나님께 맡깁니다) … 121

· Hingi ng tulong(도움 구하기) … 122

· Blessing … 124

· Po와 opo … 126

· 반복과 합창 기도 … 127

이야기(구전), 노래, 드라마를 통한 복음 전파 사례 … 130

· 이야기의 힘 - 성경 이야기를 나누다 … 130

· 노래를 통한 복음 … 132

· 드라마와 영화를 통한 복음 전도 … 135

4부 선교적 도전과 전략

언어와 계층 - 도시 빈민과 중산층을 향한 다른 접근 … 146

· 도시 빈민과 언어 문화 … 144

· 중산층과 언어 문화 … 145

· 선교적 전략의 차별화 … 147

여성과 청년의 언어 문화 이해 - 세대별 사역 방법 … 150

· 여성 문화의 이해 … 150

· 청년 문화의 이해 … 153

다문화 다언어 공동체 속 교회 개척 … 155

· 다언어 교회 개척의 실제 전략과 사례 … 157

디아스포라 필리피노 - 해외 이주민 선교와 언어 활용   162

SNS, 디지털 언어와 새로운 선교 전략   166

- 디지털 언어 시대의 도래   166
- 온라인 공간의 '가상 공동체'와 신앙의 확장   167
- SNS를 통한 선교의 실제 사례   168
- SNS는 새로운 시대의 '언어'다   169
- 새로운 전략: 디지털 제자도(Digital Discipleship)   170
- 맺음말   171

선교사의 자기 관리 - 영성, 언어, 문화의 지속 가능성   172

- 행정 절차 관리 - 비자, 거주, 제도의 이해   173
- 생활 관리 - 재정, 안전   176
- 언어와 문화 관리 - 관계의 뿌리 내리기   180
- 영성과 정서 관리 - 내면의 리듬을 지키기   183
- 사역 지속 가능성 - '버티는 힘'을 키우기   185
- 맺음 말   188

언어로 본 필리핀 선교의 교훈   191

현장 적용을 위한 지침과 제언   193

1부

들어가는 말

선교사로서 필리핀어 파송받아 본격적인 사역을 시작한 때는 언제부터일까? 파송받은 날짜를 말해야 하는가, 아니면 실제로 사역이 시작된 시점을 말해야 하는가? 선교사라면 누구나 공통적으로 하나님의 소명을 받았다고 고백한다. 그러나 소명을 받은 선교사가 그 다음 단계로 반드시 붙들어야 할 첫 걸음은 무엇일까? 나는 분명히 말할 수 있다. 바로 그 땅의 언어이다.

나는 2008년에 필리핀으로 파송되었다. 그러나 본격적인 사역이 열리기 시작한 때는 2010년부터였다. 계기가 있었다. 내가 현지 언어(타갈로그어)를 구사할 줄 안다는 사실이 알려지면서부터였다. 어느 날 내가 거주하던 지역 가까이에 목회자가 없는 교회가 있다는 소식을 들었다. 그 교회 성도들은 내게 와서 자신들의 교회를 맡아 달라고 부탁했다. 그때부터 필리핀에서의 첫 단독 사역이 시작되었다.

돌이켜보면, 언어가 없었다면 이러한 사역의 문도 열리지 않았을 것이다. 언어를 사용한다는 것은 단순한 의사소통 이상의 의미가 있다. 그것은 곧 그들과 하나가 되고, 신뢰를 얻는 출발점이다. 현지인들은 나를 '외부인'이 아니라 '우리와 함께 사는 사람'으로 받아들이기 시작했다. 언어가 그들의 마음을 열어 준 것이다.

언어를 배우는 과정은 결코 쉽지 않았다. 처음에는 서툰 발음 때문에 웃음거리가 되기도 하고, 엉뚱한 말을 해서 오해를 사기도 했다. 그러나 그런 시행착오 속에서 나는 겸손을 배웠다. 또한 그 과정을 통해 현지인들에게도 '완벽한 선교사'가 아니라 '같이 성장하고 노력하는 동역자'로 다가갈 수 있었다. 오히려 나의 부족함이 그들의 마음을 움직였다.

무엇보다 언어는 그들의 문화를 이해하는 창이 되었다. 타갈로그어 속에 담긴 속담, 유머, 일상적인 인사말 하나에도 필리핀 사람들의 가치관과 공동체적 정서가 녹아 있었다. 언어를 통해 나는 그들의 눈물과 웃음을 더 깊이 공감할 수 있었고, 복음을 그들의 삶 속 언어로 풀어 낼 수 있게 되었다.

그래서 나는 늘 말한다.
"언어를 배우십시오. 그것이 선교의 첫걸음이자, 사역의 열쇠가

 말과 마음: 필리핀 문화와 선교의 길

될 것입니다."

언어를 배우는 자에게 하나님은 더 넓은 사역의 문을 여시며, 그 문을 통해 복음은 더 깊이, 더 멀리 들어가게 된다.

선교에서 언어는 왜 중요한가?

필리핀에서 나의 첫 사역은 그렇게 시작되었다. 지금도 선명히 기억나는 첫 주일 설교, 그때의 떨림과 두려움은 이루 말할 수 없었다. '잘할 수 있을까?', '잘해야 하는데…'라는 생각이 마음속을 가득 채웠다. 성도들 또한 다소 긴장한 표정으로 나를 바라보는 듯했다.

그러나 그 긴장은 오래가지 않았다. 내가 강단에서 "마간당 우마가 아팅 라핫(Magandang umaga ating lahat)!" 즉 "우리 모두 좋은 아침입니다!"라고 인사를 건네는 순간, 나와 성도들 사이에 있던 보이지 않는 벽은 순식간에 무너졌다. 성도들의 얼굴에는 환한 미소가 번졌고, "마간당 우마가 포(Magandang umaga po)"라는 따뜻한 응답이 돌아왔다.

그렇게 시작된 설교는 성도들에게 신기함과 즐거움을 안겨주었다. 아마도 그들은 '외국인이 자신들의 말로 더듬거리며 설교하는 모습'을 보며 조금은 우습고, 한편으로는 귀엽고 또한 신기하다고 느꼈을 것이다. 타갈로그어를 사용할 때면, 늘 같은 반응이 돌아온다.

"어, 타갈로그어 할 줄 아네!"
"혹시 아내가 필리핀 사람이야?"

이렇듯 현지 언어를 사용한다는 것은 성도들로 하여금 나에게 관심을 갖게 하고, 자연스러운 대화를 이끌어 내는 계기가 되었다. 만약 내가 영어로 질문을 했다면 그들은 긴장하며 대답을 하려 했을 것이다. 왜냐하면 많은 필리핀 사람들은 영어로 대화하는 것에 부담을 느끼고, 어렵게 여기기 때문이다.

하지만 처음엔 영어로 다가가다가, 곧 타갈로그어로 말을 건네면 그들의 얼굴빛이 환하게 변하며 미소가 번진다. 바로 이 지점에서 언어가 가진 힘을 체감한다.

따라서 언어는 단순히 소통의 도구가 아니다. 그것은 상대방의 마음을 열어 주고, 보이지 않는 벽을 허무는 열쇠이며, 복음을 전하는 귀한 통로가 된다.

필리핀 선교와 언어적 도전

1999년, 나는 칼빈신학교 2학년에 편입하여 신학 공부를 시작했다. 사실 내가 신학을 선택한 동기는 특별한 소명 때문이 아니었다. 단순히 '공부가 하고 싶다'는 마음이 들었기 때문이다. 많은 사람들이 의아해했다. 학창 시절 나는 운동만 했고, 종교와는 거리가 먼 삶을 살아왔으며, 스물네 살에는 결혼과 동시에 웨딩 사업을 시작했기 때문이다. 주말마다 몰려드는 결혼식은 나를 늘 분주하게 만들었다.

그러던 어느 날, 스물아홉 살이 되던 해였다. 아침 식사 중 문득 '공부를 하고 싶다'는 강렬한 갈망이 마음속에서 솟구쳤다.

'무슨 공부를 할까?' 스스로에게 물었고, 곧바로 '신학 공부를 해 볼까?'라는 생각이 떠올랐다. 아내와 상의한 후, 나는 모든 일을 정리하고 신학교 편입을 결심했다.

 말과 마음: 필리핀 문화와 선교의 길

첫 학기 성적은 기대에 미치지 못해 나는 몹시 실망했다. 그래서 내가 할 수 있는 방법은 방학마다 교수님들이 추천해 주신 책들을 구입해 20~30권씩 읽었고, 졸업 무렵에는 조금이나마 '알겠다'는 감이 생겼다. 신학교는 나에게 참 특별한 곳이었다. 어느 순간부터는 '전도사'라는 호칭이 따라붙었고, 편입 1년 만에 교회 전도사 사역까지 맡게 되었다. 전도사로서의 삶을 감당하기 위해 새벽기도를 시작한 것도 이 무렵이었다.

그 새벽기도 시간에 내 삶을 바꾸는 사건이 일어났다. 막 개인 기도를 시작하려던 순간, 누군가 내 귀에 대고 분명히 "필리핀"이라고 소리쳤다. 깜짝 놀라 눈을 떴지만 주위에는 몇 명의 성도들이 조용히 기도하고 있을 뿐이었다. 다시 눈을 감으면 또다시 들려왔다. "필리핀." 이런 체험이 하루 이틀이 아니라, 무려 6개월 동안 이어졌다.

나는 결국 아내에게 이 사실을 이야기했고, 아내와 일곱 살 된 딸 소연이와 함께 2주간 필리핀을 방문하기로 했다. 마닐라와 바기오를 둘러본 그 여행은 내 마음에 깊은 흔적을 남겼다. 돌아온 뒤에는 방학마다 단기선교 팀을 꾸려 필리핀을 찾기 시작했다. 열 명만 모이면 인솔자의 항공권이 무료였던 제도를 활용한 것이었다. 그렇게 나는 필리핀과의 접촉점을 하나씩 넓혀 갔다.

그러던 2005년, 필리핀의 어느 시골 마을에서 농사를 돕고 있는 서양 선교사를 만났을 때 나는 큰 충격을 받았다. 나는 그에게 누구냐고 물었고, 그는 선교사라고 답했다. 난 다시 그에게 "그런데 왜 농사를 짓고 있느냐?"고 물었고, 그는 타갈로그어도 배우고 문화도 배우기 위해서라고 대답했다

여러 번 필리핀을 다녀왔지만, 현지어를 자유롭게 구사하는 한국인 선교사를 본 적은 없었다. 영어권이 아님에도 대부분의 선교사들이 영어만 사용하고 있다는 사실이 오히려 이상하게 느껴졌다. 그 순간, 머리를 망치로 얻어맞은 듯한 충격이 찾아왔다.

나는 곧장 마닐라의 한 서점에 들러 타갈로그어 교재를 찾았다. 그때 눈에 들어온 책이 바로 『Basic Tagalog』였다. 영어와 타갈로그어로만 되어 있었지만, 선택의 여지가 없었다. 그 책을 사 들고 한국에 돌아와 틈틈이 공부하기 시작했다.

그것이 나의 언어 훈련의 시작이었다. 그리고 곧 깨달았다. 언어를 배우는 일은 단순히 말을 익히는 것이 아니라, 사람들의 마음에 다가가고 그들의 삶 속으로 들어가는 과정이라는 사실을. 결국, 언어는 선교의 문을 여는 열쇠였다.

그 무렵 나는 신학대학원에서 M.Div 과정을 밟고 있었다. 생활

 말과 마음: 필리핀 문화와 선교의 길

비를 마련하기 위해 저녁마다 피자 배달 일을 시작했는데, 이 일이 나에게는 또 다른 언어 훈련의 장이 되었다. 당시 경기도 광주에는 많은 필리핀 노동자들이 있었고, 그들이 주문한 피자를 배달할 때면 나는 배운 타갈로그어를 한두 마디씩 건네보곤 했다. 그 순간 그들의 얼굴이 환하게 밝아졌고, "어떻게 타갈로그를 아세요?"라고 물으며 놀란 표정을 짓곤 했다. 그러면서 자연스럽게 필리핀 사람들과 교제가 시작되었고, 그들을 교회에 전도하였다.

그중 'Gene'라는 친구와는 지금까지도 연락이 이어지고 있다. 더욱 놀라운 것은, 그의 가족과 친지가 훗날 내가 사역하게 된 솔라나 카가얀 지역과 가까운 곳에 살고 있었다는 사실이다. 지금 돌아보면 하나님께서는 이미 한국에서부터 필리핀과의 연결고리를 만들어 주시며, 내가 걸어가야 할 길을 차근차근 예비하고 계셨던 것이다.

필리핀 사회 문화의 개관

필리핀은 약 7,000여 개의 섬으로 이루어진 군도로, 태평양과 아시아 대륙 사이의 전략적 요충지로서 오래전부터 다양한 문화와 문명이 교차하는 장이었다. 고대에는 말레이계와 오스트로네시아계 이주민들이 형성한 공동체가 존재했고, 중국·아랍·인도 상인들과의 교역을 통해 외부 문화를 접해 왔다. 1521년 마젤란의 도착 이후 스페인의 식민 통치는 330년간 지속되었으며, 가톨릭 신앙과 서구식 제도, 스페인어 기반의 행정 체계가 뿌리내렸다. 동시에 바리오(마을 공동체)와 친족 중심의 전통은 여전히 유지되며 토착 언어와 문화가 살아남았다.

1898년 스페인-미국 전쟁 이후 필리핀은 미국의 지배하에 들어갔고, 약 70년 동안 영어 교육, 민주주의 제도, 공공 보건 시스템 등 서구식 근대화가 급속히 도입되었다. 그러나 제도적 변화와 달리 사람들의 일상은 여전히 토착 문화와 지역 언어가 중심이었다.

제2차 세계대전 중 일본 점령기를 거친 후, 1946년 독립을 회복하면서 필리핀은 가톨릭 신앙과 서구 제도, 그리고 다채로운 토착 문화를 함께 품은 독특한 사회가 되었다.

오늘날 필리핀은 가톨릭 신앙이 사회 전반에 깊이 뿌리내렸지만, 동시에 170여 개가 넘는 지역 언어가 공존하며 사람들의 정체성과 소속감을 규정한다. 가족과 공동체 중심의 삶, hiya(체면), pakikisama(조화), utang na loob(은혜의 빚) 같은 가치관은 인간관계와 사회 구조를 형성한다. 특히 언어는 단순한 의사소통 수단이 아니라, 곧 정체성과 공동체 소속을 드러내는 상징적 통로다. 영어와 타갈로그(필리피노)가 공용어로 쓰이지만, 일상에서는 지역 언어가 여전히 강력한 힘을 발휘한다. 따라서 언어 선택은 곧 관계 맺기의 방식이 되고, 선교에서도 현지인의 마음을 여는 중요한 열쇠가 된다. 복음을 전하기 위해서는 단순한 언어 전달을 넘어, 그들의 역사와 정체성, 관계 중심적 세계관을 존중하며 다가가야 한다.

따라서 몇 개의 단어를 통해 이들의 문화적 특성을 살펴보려고 한다.

Hiya(체면, 부끄러움, 혹은 품위를 지키려는 마음)

① Hiya

필리피노들은 항상 사회적 의식(social awareness)을 가지고 있다. 즉 공동체 안에서 다른 사람들이 자신을 어떻게 보는지를 늘 의식한다.

쉽게 말해, 'Hiya'란 '창피를 당하지 않으려는 마음', '체면을 잃지 않으려는 태도'를 뜻한다. 그러나 그것은 단순한 부끄러움이 아니라, 상대에 대한 존중과 관계를 지키려는 조심스러움이기도 하다.

이러한 문화는 필리핀 사람들의 공손한 말투와 예의 바른 태도 속에 자연스럽게 드러난다.

예를 들어, 필리핀에서는 상사뿐 아니라 경비원이나 상점 판매원에게도 "Ma'am"이나 "Sir"라고 부른다.

이것은 단순한 의례적 호칭이 아니라, '체면(Hiya)'에서 비롯된 존중의 표현이다.

그래서 직장에서도 동료끼리 이름 대신 "Ma'am", "Sir"로 부르곤 한다.

처음 이런 문화를 접했을 때는 다소 낯설고 웃기게 느껴졌지만,

시간이 지나면서 나는 그것이 hiya에 뿌리를 둔 문화임을 깨달았다. 즉 상대를 존중하고 관계를 원만히 유지하기 위한 사회적 예절이었던 것이다.

한국에서는 나이나 지위에 따라 호칭이 달라지지만, 필리핀에서는 모든 사람에게 비교적 평등하게 이러한 존칭을 사용한다. 그리고 선교의 현장에서는 이러한 존중의 태도가 사람의 마음으로 들어가는 다리가 되어 준다.

어느 날, 나는 마닐라에서 사역지로 돌아가는 길에 버스를 탔다. 비행기로는 한 시간이면 갈 수 있는 거리였지만, 도로 사정이 좋지 않아 버스로 보통 열두 시간 잡고 이동 거리를 예측한다. 이는 도로가 사고로 혹은 산사태 등으로 막히지 않았을 경우이다. 재정적으로 여유가 없었던 나는 늘 버스로 이동하곤 했다.

그날도 자리에 앉자, 한 여성이 내 옆자리에 앉았다.

그녀는 가방을 열어 햄버거를 꺼내더니 나를 향해 미소 지으며 말했다.

"같이 먹어요."

나도 미소로 답하며 고개를 끄덕였지만, 사실 그녀가 정말로 나에게 햄버거를 나누어 주려는 의도가 아니라는 걸 알고 있었다.

만약 내가 그 음식을 받았다면, 그녀는 놀라거나 당황했을 것이다.

그녀의 말은 실제 초대가 아니라 예의와 배려의 표현, 즉 욕심 많거나 무례하게 보이지 않기 위한 사회적 인사였다.

그때 나는 Hiya의 본질을 더 깊이 이해하게 되었다.

그것은 상대방을 배려하고, 관계를 존중하며, 감정을 세심하게 살피는 문화 — 필리핀 사회의 중요한 특징이었다.

Nahihiya(부끄러움, 수줍음)

내가 사역하고 있는 솔라나(Solana, Cagayan)는 결코 쉬운 지역이 아니다. 우리 교회의 대부분 성도들은 매우 내성적이고 조용하다.

바기오(Baguio)에서 사역할 때는 성도들이 활발하고 예배 중에 특송도 자주 하고 기도에도 적극적이었지만, 솔라나 — 특히 란닉(Lannig) 지역 사람들은 부끄러움이 너무 많아 지금까지도 많은 어려움을 겪고 있다.

내가 보기에 이들의 지나친 수줍음의 근본 원인은 교육의 부족

 말과 마음: 필리핀 문화와 선교의 길

이다.

내 또래나 그보다 젊은 사람들 중에도 글을 읽고 쓸 줄 모르는 경우가 많다.

이것은 노인들에게만 해당되는 문제가 아니다.

다른 학교에서 우리 학교로 전학 오는 학생들 중에도, 중학교 1학년(7학년)임에도 불구하고 읽기조차 어려워하는 아이들이 있다.

어느 날은 다른 학교에서 2학년(8학년)을 마치고 3학년(9학년)으로 편입한 학생이 있었는데, 알고 보니 그는 글을 읽을 줄 몰랐다.

나는 충격을 받았다.

주일 예배 시간에도 같은 현상이 나타난다.

어른들이 찬송을 부를 때 입만 움직이고 소리가 나지 않는다.

왜 찬송하지 않느냐고 물으면 "눈이 나빠서 글씨가 안 보여요."라고 말하지만, 사실은 읽을 줄 몰라서 그랬던 것이다.

앞서 말한 9학년 학생도 마찬가지였다.

왜 찬양을 부르지 않느냐고 묻자 대답하지 못했고, 대신 한 교사가 말했다.

"선생님, 그 아이는 글을 읽을 줄 몰라요."

그들은 부끄러움(Nahihiya) 때문에 자신의 부족함을 감추고, 겉으로는 아무 문제가 없는 것처럼 행동한다.

나도 한국어 교사이자 매주 수요일 예배 설교자로서 학생들에게 자주 묻는다.

"이해했나요?"

그러나 단 한 명도 "선생님, 잘 모르겠어요."라고 대답하지 않는다.

왜냐하면 이해하지 못했다는 사실 자체가 부끄럽기 때문이다.

결국, 이런 부끄러움 때문에 질문을 하지 못하고, 모르는 것을 감추게 된다.

그 결과 배움의 기회가 닫히고 성장의 길이 막히는 것이다.

이것이 바로 필리핀 교육 현장에서 Hiya 문화가 드러나는 한 예다.

교회 사역에서도 같은 모습을 본다.

나는 교인들의 어려운 형편을 알기에, 장학금이 필요하면 신청하라고 여러 주일에 걸쳐 안내했다.

그러나 끝내 아무도 신청하지 않았다.

이유는 단 하나 — 부끄러워서였다.

 말과 마음: 필리핀 문화와 선교의 길

결국, Nahihiya 때문에 도움받을 기회를 놓치고, 어려운 삶을 그대로 견뎌야 하는 현실에 머물게 된다.

Kahihiyan〔수치, 부끄러움의 감정〕

사람은 본능적으로 수치를 숨기려는 성향을 가지고 있다.

에덴동산에서 아담과 하와가 선악과를 먹은 후 눈이 밝아졌을 때, 그들은 자신들이 벌거벗은 것을 알고 무화과 잎으로 옷을 만들어 부끄러움을 가렸다.

이 장면은 '부끄러움'이 인간에게서 피하고 싶은 감정이며, 그로 인해 사람들은 자신을 감추거나 변명하게 된다는 사실을 보여 준다.

필리핀 문화에서도 이러한 심리가 뚜렷하게 나타난다.

잘못이 드러나면 체면을 잃고 부끄러움을 당할까 두려워, 오히려 침묵하거나 다른 방식으로 상황을 모면하려 한다.

그래서 책임 회피, 변명, 우회적인 대답, 때로는 작은 거짓말이 흔히 나타난다. "제가 잘못했습니다."보다는 "어쩔 수 없었어요, 상황이 그랬어요."라는 식이다.

나는 매일 교사들을 태워 주거나 마을로 내려가면서 이런 모습을 본다. 어느 날 도로를 달리는데, 도로 한쪽에 오토바이들이 잔뜩 세워져 있었다.

그건 교통 단속(LTO inspection)이 진행 중이라는 뜻이었다.

등록이 안 된 차량, 운전면허가 없는 운전자, 헬멧 미착용 등으로 걸리면 벌금이 한 달치 월급에 해당하기 때문에 사람들은 단속이 끝날 때까지 길가에 멈춰 서 기다린다.

필리핀에서의 Kahihiyan은 단순한 명예의 문제를 넘어 처벌에 대한 두려움과 생계 손실의 공포와도 연결되어 있다.

교회와 학교에서도 이런 문화는 그대로 드러난다.

무언가가 고장 나거나 물건이 사라졌을 때 "누가 한 일인가요?"라고 물으면 아무도 대답하지 않는다.

본 사람들도 보복이 두렵고, 당사자는 창피를 당할까 봐 침묵한다.

결국 모두가 모른 척하게 되고, 일은 그대로 묻혀 버린다.

사실 나는 누구를 벌을 주거나 비난하려는 것이 아니다.

단지 잘못된 일을 바로잡고 다시 반복되지 않게 하려는 마음일 뿐이다.

하지만 늘 결과는 같다. 모두가 침묵한다.

 말과 마음: 필리핀 문화와 선교의 길

물론 침묵 자체가 죄는 아니다.

그러나 진실을 숨기고, 바로 말할 기회를 스스로 닫아 버릴 때, 그것은 결과적으로 거짓과 다를 바 없다.

이처럼 Kahihiyan(부끄러움)은 교회와 사회가 더 성숙하고 건강하게 성장하는 데 장애물이 될 수 있다.

이 세 부분은 필리핀 사회의 'Hiya 문화'를 종교적·사회적·교육적 맥락에서 잘 보여 준다.

Pakikisama[조화]

필리핀에서 중요한 문화 코드 중 하나는 Pakikisama이다.

어원을 살펴보면, sama는 "함께하다, 동행하다"라는 뜻이고, Pakikisama는 '다른 사람과 조화를 이루며 함께하는 태도, 관계'를 의미한다.

이것은 단순한 협력이 아니라, 집단 속에서 갈등을 피하고 원만한 관계를 유지하려는 삶의 방식이다. 한국 교회 안에서 자주 쓰는 표현 가운데 "은혜롭다"라는 말이 있는데, 어느 정도 이 개념을 대신할 수 있다. 내가 들은 바로는, "은혜 스럽다"는 말 속에는 "굳이 문제 삼지 말고, 불란과 소란 없이 적당하게 넘어가자"라는 뉘앙스가 담겨 있다.

필리핀 사회에서 공동체는 절대적으로 중요하다. 가족 공동체, 학교 공동체, 직장 공동체, 지역 공동체 등 다양한 집단 속에서 사람들은 살아간다. 이때 공동체에서 제외된다는 것은 단순히 불편한 정도가 아니라, 존재 자체가 위협받는 것처럼 느껴진다. 그래서 '제외되기를 싫어한다'는 표현보다, '제외되는 것을 두려워한다'는 표현이 더 정확할 것이다.

이 두려움 때문에 사람들은 갈등을 일으키기보다 Pakikisama를 선택한다. 예를 들어, 모임에서 누군가가 자신과 맞지 않는 의견을 내더라도 굳이 반대하지 않고 "ok lang"이라 대답한다. 직장에서 상사가 무리한 부탁을 해도, 불편함을 감추고 따르는 것도 마찬가지다. 친구들이 노래방에 가자고 할 때 내키지 않아도 함께 가는 것도 역시 Pakikisama의 한 모습이다.

필리핀 사람들의 Pakikisama 문화는 구체적인 사례 속에서 더욱 분명히 드러난다.

말과 마음: 필리핀 문화와 선교의 길

나는 종종 교사들과 함께 필리핀의 다른 지역으로 여행을 떠나곤 한다. 이때 모든 교사들은 반드시 함께 가기를 원하며, 단 한 사람도 소외되기를 원하지 않는다. 만일 내가 특정 교사에게 "커피를 마시러 가자"고 제안하면, 그 교사는 늘 "다른 교사들도 함께 간다면 가겠다"라고 대답한다. 개인의 선택보다 공동체의 조화가 더 우선되는 것이다.

비슷한 경험이 또 있었다. 어느 날, 학고 교회를 관리하는 직원에게 농장에서 필요한 트랙터 부픔을 사 오도록 부탁한 적이 있다. 그 부픔을 구하려면 약 여섯 시간이나 떨어진 지역으로 가야 했다. 그런데 그 직원은 "혼자 가는 것이 아니라 누군가와 함께 가도 되겠느냐?"라고 다시 물었다. 둔제는, 그가 동행을 원한 사람은 우리 교회의 성도도 아니고, 학교의 직원도 아니었다는 점이다. 만약 그를 데리고 간다면 그 사람의 교통비와 식비까지도 내가 부담해야 했다. 결국 나는 "가지 말라"고 말할 수밖에 없었고, 직접 내가 나서서 부품을 구해 와야 했다.

이와 같은 사례들은 필리핀 사람들이 혼자서 무엇인가를 처리하는 데에 큰 부담을 느끼고, 늘 누군가와 함께 하기를 원한다는 사실을 잘 보여 준다. 심부름을 시켜도 혼자 가기를 꺼리고, 집에 혼자 남겨지는 것조차 불편해 한다. 심지어 혼자 있는 사람을 주변에서는 불쌍하게 바라보기도 한다.

반면, 나는 외국인으로서 낯선 지역을 방문하거나 사람들에게 직접 묻고 인터넷을 찾아 문제를 해결하는 데에 익숙하다. 그러나 필리핀 사람들에게는 자기 나라 안에서 조차 혼자 먼 지역에 가는 것이 큰 두려움으로 다가온다. 이는 Pakikisama가 지닌 밝은 면모와 함께, 개인의 독립성을 제약하는 그림자 역시 함께 보여 준다.

Ok lang

많은 사람들이 필리핀을 영어권 국가로 생각하지만, 막상 필리핀에서 생활해 보면 영어만으로는 소통에 한계가 있음을 금세 느끼게 된다. 영어는 'Yes'나 'No'처럼 분명하고 정확한 대답을 요구한다. 그러나 타갈로그어의 Ok lang은 그와는 다른 차원의 표현이다. 이는 정확한 사실 전달이라기보다 상황을 부드럽게 넘기거나 갈등을 피하려는 언어적 장치라고 볼 수 있다.

예를 들어, 누군가 함께 식사하자고 권하면 필리핀 사람들의 대답은 십중팔구 "Ok lang"일 것이다. 이 말 속에는 '꼭 먹지 않아도 괜찮지만, 먹으면 더 좋다'라는 미묘한 마음이 담겨 있다. 동시에 혹시라도 음식값을 부담해야 할 상황에 대한 자연스러운 회피가 숨어 있기도 하다. 결국 Ok lang은 단순한 긍정도 부정도 아닌, 관계를 지키고 분위기를 부드럽게 만들려는 문화적 표현인 것이다.

나는 이곳에서 교회 사역과 함께 학교와 망고 농장 일을 겸하고 있다. 외국인은 나 혼자뿐이라 대부분의 식사를 직접 한국 음식을 요리해 해결한다. 매일 점심마다 한두 가지의 한국 음식을 요리해 교사들과 함께 나누는데, 요리할 때면 수업이 없는 교사가 곧잘 도와준다.

나는 종종 "내가 만든 요리를 맛보라"고 권한다. 그러면 그들은 으레 이렇게 대답한다.
"Ok lang."

사실 그들이 한국 음식의 맛을 잘 알 리는 없다. 그런데도 "맛이 없다"고 솔직히 말하지 않고 "Ok lang(괜찮아요, 좋아요)"이라고 답한다. 이 말 속에는 단순한 평가가 아니라 배려가 담겨 있다. 누군가 정성껏 음식을 만들어 주었는데 "맛없다"고 한다면 요리한 사람이 상처받지 않겠는가? 그래서 그들은 오히려 상대를 배려하는 마음으로 "Ok lang"이라고 말하는 것이다.

이 경험을 통해 나는 작은 말 한마디에도 상대를 존중하고 관계를 지키려는 필리핀 사람들의 마음을 다시금 느낄 수 있었다.

그러나 'Ok lang'이 가진 부정적인 면도 있다. 그것은 상대방에게 조언, 특히 듣기 싫을 만한 조언을 하지 못하게 만든다는 점이다.

내가 사는 지역은 마차와 트라이시클, 오토바이와 자동차가 뒤섞여 다니는 곳이다. 마차 뒤를 따라가려면 사실 몹시 짜증나지만, 사람들은 그냥 기회 봐서 앞질러 갈 뿐이다. 누구 하나 불평하지 않는다. 'Ok lang' 문화 때문이다.

내가 사역하는 학교(Dynamic Christian Global School)에서도 비슷한 경험을 했다. 학부형과 학생들이 함께하는 행사가 있을 때면 교사들은 출근하자마자 삼사십 분 동안 화장을 한다. 그들은 서로를 향해 "예쁘다, 잘 어울린다"라며 칭찬만 한다. 싫은 말은 하지 않는다.

그런데 나는 다르게 느꼈다. 프린세스(Princes Joy O. Siazon)란 이름을 가진 한 여교사의 눈썹이 너무 진하고 두꺼워 한국의 어떤 코미디언을 떠올리게 할 정도였다. 그래서 조심스레 조언했다.

"눈썹을 조금 연하고 얇게 그리면 더 자연스럽고 예쁠 것 같
습니다."

그 후 그 교사는 전처럼 화장을 하지 않게 되었고, 다른 교사들
역시 "지금이 더 자연스럽고 예쁘다"고 말했다. 만약 아무도 말하
지 않았다면 지금도 우스꽝스러운 모습으로 다녀야 했을 것이다.
작은 조언이지만, 개선을 가져올 수 있었다.

'Ok lang'은 분명 상대를 배려하고 관계를 지키려는 따뜻한 문화
적 장치다. 그러나 동시에 불편한 점이나 문제를 지적하지 못하게
만들기도 한다. 그 결과 사회 발전이 더딘 측면도 있다. 그래서인
지 지금도 카페나 식당에서 1960~1970년대 음악이 흘러나오는 소
리를 흔히 들을 수 있다.

나는 이렇게 생각한다. 상대방을 배려하는 'Ok lang'의 따뜻함은
소중하지만, 때로는 불편한 진실을 말하고 서로를 고쳐 나가는 용
기도 필요하다. 그래야 더 건강하고 발전된 공동체로 나아갈 수 있
을 것이다.[1]

---

1) 사도 바울은 에베소서 4장 15절에서 "오직 사랑 안에서 참된 것을 하여'라고 권면했다.
   "Ok lang"의 따뜻한 배려에 "사랑 안에서 진리를 말하는 용기"가 더해질 때, 공동체는
   더욱 건강하고 성숙하게 자라날 수 있다. 선교 현장에서도 마찬가지다. 선교사는 현지
   문화의 따뜻함을 존중하되, 하나님의 말씀에 비추어 불편한 진실을 함께 직면하고 성숙
   을 돕는 역할을 감당해야 한다.

Bahala na

'Bahala na'는 필리핀 사람들의 일상 언어 속에서 가장 자주 등장하는 표현 가운데 하나이다.

직역하면 "어떻게든 되겠지" 혹은 "되는 대로 두자" 정도로 해석된다.

이 말은 단순한 습관어가 아니라, 필리핀인의 사고방식과 삶의 태도 전반을 반영하는 문화적 코드이다.

'Bahala na'는 고대 타갈로그 신 'Bathala'(또는 Bathalang Maykapal, 창조주)에서 유래한다.

식민지 이전 필리핀 사회에서 Bathala는 하늘의 신, 즉 창조자·절대자로 여겨졌다.

따라서 원래의 Bahala na는 'Bathala na ang bahala', 즉 '이제 Bathala께 맡기자'라는 의미로, 운명·신의 뜻에 맡기는 행위를 뜻했다.

이것은 운명론적이지만 동시에 신에 대한 신뢰의 표현이었다.

오늘날의 Bahala na는 상황에 따라 긍정적·부정적 의미 모두를

말과 마음: 필리핀 문화와 선교의 길

가진다.

긍정적 의미로는 '용기, 결단, 신뢰의 태도'라고 할 수 있다.

현대 필리핀 사회에서 Bahala na는 단순한 체념의 말이 아니라, 불확실한 상황 속에서도 행동을 멈추지 않는 결단의 표현으로 자주 사용된다.

예를 들어, 대학 입시를 앞둔 학생이 'Bahala na!'라고 말하며 시험장에 들어가거나, 태풍이 오는데도 생계를 위해 시장에 나가는 어머니가 "Bahala na si Lord"라고 말하는 것은, '운명에 맡긴다'는 의미보다 '두려워도 나아가겠다'는 용기의 선언이다.

이때 Bahala na는 자신의 한계를 인정하되, 그 한계를 넘어서는 믿음의 도약을 의미한다.

필리핀인의 이 표현 속에는 '최선을 다했으니 결과는 하늘(혹은 Bathala, Dios)에 맡긴다'는 겸손하면서도 실천적인 낙관주의가 깃들어 있다.

따라서 긍정적 측면의 Bahala na는 불확실성 속의 용기와 한계를 넘어서는 희망의 언어로 볼 수 있다.

부정적 의미로는 '체념, 무책임, 숙명론적 태도'를 들 수 있다.

반면, Bahala na는 때때로 책임 회피나 포기의 표현으로도 사용된다.

이때의 Bahala na는 '믿음'이나 '용기'라기보다는 "이제 더 이상 방법이 없으니 어찌되든 되라"는 체념적 포기의 말에 가깝다.

예를 들어, 문제가 복잡하거나 해결이 어려울 때 "Bahala na!"라고 말하며 손을 놓는 태도는 현실을 바꾸기보다는 상황을 운명 탓으로 돌리는 심리적 방어기제가 된다.

이런 맥락에서 Bahala na는 적극적 신뢰의 언어가 아니라, "내 힘으로는 안 되니 그냥 포기하자"는 소극적 순응의 언어로 변질되기도 한다.

그래서 필리핀 사회에서는 이 표현이 한편으로는 용기와 신뢰의 말로 존중받지만, 다른 한편으로는 '노력하지 않고 운에 맡기는 무책임한 태도'로 비판받기도 한다.

필리핀인의 '운명과 자유'의 균형

결국 Bahala na는 한 단어로 정의할 수 없는 필리핀인의 이중적 세계관을 드러낸다.

한편으로는 신에 대한 신뢰와 인간적 용기의 표현이지만, 다른 한편으로는 무력감과 체념의 언어이기도 하다.

이 모순적인 표현 속에는 '모든 것이 Bathala(신)의 뜻이지만, 나는 그래도 나의 길을 간다'라는 운명과 자유의 공존이라는 필리핀적 사고방식이 숨어 있다.

이렇듯 Bahala na는 필리핀 사람들의 일상 속에서 자주 들리지만, 내가 사역의 현장에서 느낀 Bahala na는 희망보다는 체념, 믿음보다는 포기의 언어로 들릴 때가 더 많았다.

그 말 속에는 불확실한 현실 앞에서 마음을 내려놓는 평온도 있지만, 동시에 변화의 의지를 멈추게 하는 보이지 않는 벽도 함께 존재했다.

Utang na loob(은혜의 빚)

'Utang na loob'의 어원을 살펴보면, utang은 '빚, 채무(debt)'를, loob은 '마음, 내면, 영혼(inner self, inside)'을 의미한다. 따라서 직역하면 '마음의 빚' 혹은 '내면의 빚'이라 할 수 있다. 이는 단순히 물질적인 채무가 아니라, 누군가로부터 은혜와 호의, 도움을 받았을 때 생겨나는 도덕적·정서적 의무감을 가리킨다. 곧, 받은 은혜를 반드시 기억하고 보답해야 한다는 강한 책임감과 의리의식이다. 그렇기 때문에 Utang na loob은 경제적·계산적인 관계보다, 인간적·정서적인 관계를 훨씬 더 중시하는 문화적 코드라고 할 수 있다.

① Utang na loob의 긍정적인 측면

Utang na loob은 단순한 채무 개념을 넘어, 필리핀 사회를 지탱하는 따뜻한 정서적 유대의 기반이다. 그것은 은혜를 기억하고, 받은 도움을 당연히 보답하려는 강한 도덕적 책임감에서 비롯된다. 이 덕분에 사람들은 서로에게 의지하며 끊임없이 관계를 이어 간다.

첫째, 공동체적 연대감을 강화한다. 필리핀 사람들은 자신이 도움을 받으면 반드시 그것을 마음에 새기고, 필요할 때 상대를 돕는다. 이는 단순한 개인 간의 호의 교환을 넘어, 공동체 전체를 긴밀하게 묶어 주는 끈이 된다. 예를 들어, 어려움에 처한 이웃을 외면하지 않고 달려가는 모습은 바로 Utang na loob의 문화적 열매라 할 수 있다.

둘째, 의리와 신뢰의 기반을 형성한다. '내가 당신에게 빚이 있다'는 의식은 상대를 무겁게 짓누르는 부담이 아니라, 오히려 관계를 더욱 든든하게 지켜 주는 버팀목이 된다. 덕분에 필리핀 사회에서는 의리를 저버리는 것을 가장 수치스러운 행위로 간주한다. 이 때문에 한번 도움을 주고받은 관계는 쉽게 끊어지지 않으며, 오랜 세월 신뢰 속에 유지된다.

셋째, 나눔과 환대의 문화를 촉진한다. 외국인으로서 필리핀을 여행하거나 낯선 상황에 놓였을 때, 도움의 손길을 거절당하는 일은 드물다. 필리핀 사람들은 도움을 주는 순간 그것이 '빚'이 아니라 '은혜'로 새겨지며, 언젠가 서로 돕고 보답하는 관계로 이어질 것이라 믿는다. 이는 단순히 도덕적 의무가 아니라, 나눔을 통해 관계가 깊어지고 공동체가 살아난다는 확신에서 비롯된다.

이처럼 Utang na loob은 필리핀 사회에 깊이 뿌리내린 은혜의 문화라 할 수 있다. 그것은 도움을 기억하고, 받은 은혜를 결코 잊지 않으며, 반드시 보답하려는 고귀한 마음이다. 선교적 시각에서 본다면, 이는 '하나님께 받은 은혜를 기억하고 감사하는 마음'과 연결 지을 수 있으며, 복음 안에서 더욱 풍성하게 확장될 수 있다.

② Utang na loob의 부정적인 측면

그러나 Utang na loob이 항상 긍정적으로 작용하는 것은 아니다. 그것이 과도하거나 잘못 사용될 경우, 개인의 자유와 공동체의 정의를 심각하게 왜곡하기도 한다.

첫째, 정치적 부패와 연줄 사회를 강화한다. 필리핀에서 선거철이 되면 후보자들이 돈이나 선물을 나누어 주는 경우가 많다. 유권자들은 그 작은 도움을 Utang na loob으로 받아들이고, 이후 반드시 그 후보에게 표를 주어야 한다는 의무감을 갖게 된다. 그 결과 유능함이나 정직성이 아니라 '은혜를 베푼 사람'이 권력을 얻는 일이 벌어진다. 이는 사회 전반에 연줄과 후견인-피후견인 관계를 강화하며, 공정한 경쟁을 방해한다.

둘째, 개인의 자유와 선택을 억압한다. 누군가에게 큰 도움을 받았을 경우, 그 은혜를 갚아야 한다는 압박감 때문에 스스로 원하지 않는 일을 억지로 맡기도 한다. 심지어 불합리하거나 부도덕한 요구

　말과 마음: 필리핀 문화와 선교의 길

조차 거절하지 못하는 상황에 내몰리기도 한다. 이때 Utang na loob은 감사의 미덕을 넘어, 개인을 얽어매는 굴레가 되어 버린다.

셋째, Utang na loob은 책임 회피와 불공정의 수단으로 변질될 수 있다. 선교사로서 나는 말씀뿐 아니라 실제적인 삶의 필요 속에서도 도움을 주고자 힘써 왔다. 한국에서 후원받은 선교 물품들을 나누어 줄 때마다 사람들은 감사해했지만, 그 고마움은 오래 지속되지 않았다. 시간이 지나면 마치 아무 일도 없었던 것처럼 예전의 태도로 돌아가는 경우가 많았다. 이처럼 은혜의 기억이 순간적일 때, 지나친 도움은 오히려 돕는 이에게 상처가 되고, 공동체의 진정한 변화로 이어지지 못하는 결과를 낳는다.

한 번은 오랫동안 교회에 출석해 온 한 성도가 있었다. 그는 둘째 아이를 낳은 후, SNS에 로만 카톨릭 교회에서 유아 세례를 받는 사진을 올렸다. 그 장면은 내게 깊은 아픔과 배신감으로 다가왔다. 말씀과 사랑으로 함께 걸어온 시간들이 순식간에 잊히고, 다른 종교적 관습으로 되돌아간 듯한 모습은 선교의 현실적 한계를 절실히 느끼게 하는 순간이었다

정리하자면, Utang na loob은 공동체적 유대를 강화하는 따뜻한 정서적 자산이지만, 동시에 불의와 부패를 정당화하는 위험 요

소가 될 수 있다. 따라서 선교적 관점에서 이 문화를 이해할 때는, 긍정적인 면은 살리고 부정적인 면은 복음의 진리와 연결해 교정하는 지혜가 필요하다.

Boss〔권위와 관계의 문화 코드〕

대부분 나는 혼자 여러 곳을 다닌다. 업무상으로 마닐라를 가든지, 선교사들의 모임이 있어 다른 지역을 가든지, 혹은 교회 설교나 강의 때문에 이동하는 경우가 많다. 그렇게 낯선 곳을 다니다 보면, 나를 처음 보는 사람들이 나를 부를 때 흔히 쓰는 호칭이 있다.

바로 "Boss"이다.

필리핀 사회에서 'Boss'라는 단어는 단순히 직장 내 상사를 부르는 호칭이 아니다.

그 안에는 존경, 거리감, 권위, 그리고 때로는 의존의 감정이 함께 담겨 있다. 이 단어 하나에는 사회적 질서와 인간관계의 뉘앙스가 절묘하게 섞여 있다.

식민지 시대 스페인과 미국의 통치를 거치면서, 필리핀 사회는 자연스럽게 위계적 질서(hierarchical order)를 내면화했다.

이 영향은 오늘날까지 이어져, 상하 관계 속에서 권위를 가진 사람을 "Boss"라 부르는 것이 보편적인 문화가 되었다.

심지어 직장 밖에서도, 교회나 마을 공동체 안에서도, 조금이라도 책임이나 결정권이 있는 사람을 향해 "Boss!"라고 부르는 일이 흔하다.

① 'Boss'는 존경의 표현이자 안전한 거리의 신호

필리핀 사람들은 직접적인 대립을 피하고, 관계의 조화를 중시한다.

따라서 누군가를 "Boss"라고 부르는 것은 단순한 아부가 아니라, 상대방의 권위를 인정하고, 갈등을 예방하기 위한 정중한 장치이기도 하다.

이 호칭 속에는 '당신이 결정하세요', '저는 따르겠습니다'라는 순응과 신뢰의 태도가 함께 들어 있다.

즉 'Boss'는 권위에 대한 존경이자, 스스로 위험을 피하려는 방어적 예의인 셈이다.

② 'Boss 문화'의 긍정적 측면 - 관계의 질서를 세우는 언어

필리핀은 전통적으로 수평적 관계보다는 위계적 관계를 중시한다. 그렇기에 'Boss' 문화는 사회 질서와 관계적 균형을 유지하는 데 일정한 역할을 한다.

직장에서나 교회에서 'Boss'는 단순한 권력자가 아니라, 결정을 내리고 책임을 지는 존재로서, 구성원들에게 심리적 안정감과 방향성을 제공한다.
또한 'Boss'라는 호칭을 사용함으로써 서로 간의 역할과 경계를 명확히 하는 기능도 있다.

③ 'Boss' 문화의 부정적 측면 - 권위주의와 의존성의 그림자

하지만 'Boss' 문화는 때로 비판과 자율성을 약화시키는 요인으로 작용한다.
권위자의 결정에 대해 "Boss가 시켰으니까"라는 이유로 맹목적으로 따르는 경향은, 조직의 창의성과 책임감을 약화시킨다.
게다가 'Boss'는 존경의 호칭이면서 동시에 심리적 거리감의 표현이기도 하다.
즉 진심 어린 관계보다는 상하 관계 속의 역할 수행으로 관계가

  말과 마음: 필리핀 문화와 선교의 길

한정될 위험이 있다.

특히 교회나 선교 현장에서는 '목사님(Boss Pastor)'에 대한 과도한 존경이 신앙적 성장보다는 인간적 권위 의존으로 변질될 수도 있다.

④ 선교 현장에서의 경험

내가 처음 필리핀 사역을 시작했을 따, 많은 현지인들이 나를 "Boss Pastor" 혹은 "Sir Pastor"라고 불렀다.

그들은 존경을 표현한다고 했지만, 나는 그 말 속에서 한 걸음의 거리를 느꼈다.

그들의 마음속에는 '영적 지도자'라기보다 '위에서 결정하는 사람'이라는 인식이 자리하고 있었다.

이런 상황은 단순히 언어의 문제가 아니라, 필리핀 사회 전반에 깊게 뿌리내린 권위 인식의 반영이었다.

그래서 나는 가능한 한 'Boss'라는 호칭 대신 'Brother' 혹은 'Pastor'로 불러 달라고 부탁했다.

관계 속에서 권위를 행사하기보다, 섬김을 통해 신뢰를 쌓는 리더십을 세우기 위함이었다.

⑤ 정리

'Boss' 문화는 필리핀의 위계 중심적 사고와 관계적 예의를 동시에 보여주는 문화 코드이다.

그것은 존경과 질서를 세우기도 하지만, 동시에 거리와 의존을 만들어 내기도 한다.

선교적 관점에서 본다면, 'Boss'라는 단어를 통해 필리핀인의 권위관, 리더십 이해, 그리고 인간관계의 방식을 읽어 낼 수 있다.

이러한 문화를 이해하지 못하면, 리더십은 오해를 낳고, 섬김의 관계는 지시의 관계로 변질될 위험이 있다.

따라서 복음적 리더십은 'Boss의 권위'가 아니라, 예수께서 보여 주신 섬김의 권위(servant leadership)로 이 문화를 새롭게 비추어야 한다.

Shortcut 문화 - 효율적인가, 회피인가?

필리핀 사회를 이해할 때 빼놓을 수 없는 또 하나의 문화적 코

 말과 마음: 필리핀 문화와 선교의 길

드가 있다. 바로 'Shortcut'이다.

나는 처음 필리핀에 왔을 때, '빨리빨리'는 한국인만의 성향이라
고 생각했다. 그러나 시간이 지날수록 필리피노들 또한 빠른 결과
를 추구한다는 것을 알게 되었다.

복잡하거나 절차가 길면, 금세 "Shortcut tayo!"(지름길로 가자)라
는 말이 튀어나온다.

이 표현은 단순히 말버릇이 아니라, 과정보다 결과를 중시하는
실용적 사고방식을 보여주는 문화적 상징이다.

① Shortcut의 뿌리와 의디

필리핀의 shortcut 문화는 단순한 '게으름'이나 '편법'이 아니다.

그 배경에는 복잡한 행정 체계 느린 절차, 그리고 자원이 부족
한 현실이 있다.

이러한 사회적 조건 속에서 사람들은 스스로 길을 찾는 능동성
을 키워왔다.

때로는 공식 절차를 기다리는 것보다 직접 움직이는 편이 훨씬
빠르기 때문이다.

이런 태도는 긍정적으로 보면 적응력과 즉흥성, 그리고 실용적

지혜로 해석할 수 있다.

필리피노들은 "안 되면 다른 길을 찾아라"는 식의 유연함으로 위기 상황을 헤쳐 나간다.

② 일상 속 Shortcut의 모습

shortcut 문화는 일상 속에서 자주 드러난다.

우리 학교에서도 이런 장면을 쉽게 볼 수 있다.

식사 후 설거지를 할 때면 세제가 든 플라스틱 병이 구겨져 있다.

손으로 눌러서 세제가 빨리 나오게 하는 것이다.

작은 행동이지만, '조금이라도 빨리 끝내려는' 생활 습관이 담겨 있다.

마닐라에서 택시를 타면 기사들이 정신없이 골목길을 누비며 달린다.

조금이라도 빨리 도착하려는 shortcut의 본능이다.

하지만 그 길이 막히면 오히려 더 늦어지는 일도 잦다.

shortcut은 늘 빠른 결과를 약속하지 않는다.

또 하나 기억나는 일은, 필리핀 학제 개편 당시의 일이다.

기존 4년제 중·고등학교 과정을 6년제로 늘리려 했을 때, 많은 학

  말과 마음: 필리핀 문화와 선교의 길

부모들이 반대했다.

"왜 더 길게 해야 하나?"

"빨리 대학 보내면 되지 않나?"

이러한 반응은 필리피노들이 '과정보다 결과'를 중시하는 정서를 잘 보여준다.

③ Shortcut의 명암

shortcut은 때로 창의적인 해결책이 되지만, 동시에 책임 회피와 규칙 무시의 문화로 변질되기도 한다.

"Boss가 말했으니까", "Shortcut na lang"이라는 말 속에는 노력보다 관계나 편의에 의존하려는 심리가 숨어 있다.

이로 인해 공식 절차보다 비공식 루트를 선호하는 문화, 공정함보다 인맥이 앞서는 사회 구조가 만들어지기도 한다.

결국 shortcut은 문제를 빠르게 해결하는 듯 보이지만, 근본적 개선을 늦추는 문화적 함정이 되기도 한다.

④ Shortcut과 Boss의 관계

'Boss' 문화와 'Shortcut' 문화는 서로 긴밀히 연결되어 있다.

'Boss'가 지시하고, 'Shortcut'으로 처리하는 구조는 겉보기에는 효율적이다.

그러나 그 속에는 권위와 편의가 결탁한 비공식적 체계가 존재한다.

이 구조는 한편으로는 빠른 실행력을 만들어 내지만, 다른 한편으로는 책임이 분산되고 정의가 약화되는 결과를 낳는다.

⑤ 맺음말

Shortcut은 필리핀 사람들의 생존력과 실용성을 보여주는 동시에, 그 사회가 안고 있는 책임 회피와 구조적 비효율의 단면이기도 하다.

결국 Shortcut은 문화적 지혜와 한계가 공존하는 상징이다.

문제는 Shortcut이 존재하는 것이 아니라, 그 Shortcut이 '지름길'이 될지, '편법'이 될지를 결정하는 사람들의 마음가짐에 달려 있다는 점이다.

2부

필리핀 언어와 선교 현장

앞에서 언급했듯이, 내가 타갈로그어로 대화를 하면 처음 만나는 필리핀 사람들은 종종 "어! 타갈로그를 할 줄 아네"라고 반응한다. 얼핏 듣기에는 칭찬 같지만, 사실 나에게는 그리 기분 좋은 말이 아니다. 왜냐하면 필리핀에는 이미 수많은 한국인 선교사들이 사역하고 있음에도 불구하그, 아직도 현지인들에게 외국인이 타갈로그어를 한다는 것이 '놀라운 일'로 여겨지기 때문이다. 만약 많은 선교사들이 현지 언어를 적극적으로 사용했다면, 아마 이런 반응은 나오지 않았을 것이다.

이것은 단순히 언어의 문제가 아니다. 언어는 선교 현장에서 우리가 현지인과 어떻게 마음을 나누고, 문화를 존중하며, 복음을 전해야 하는지를 보여주는 중요한 단서가 된다. 실제로 나를 처음 본 분들이 후원으로 이어지게 된 동기 가운데 하나도, 내가 현지어를 구사할 수 있었다는 점이라고 생각한다. 따라서 나는 선교사에게 현지어는 선택이 아니라 반드시 필요한 도구라고 말하고 싶다.

나는 현재 솔라나(Solana) 란닉(Lannig) 지역에 약 2만 평의 땅을 가지고 있다. 이 땅은 현지인들로부터 기부받은 것이다. 처음 이 지역과 연결된 것은 바기오에서 교회 사역을 하던 시절이었다. 그때 현지 신학교 두 곳에서 강의 요청을 받아 조직신학을 가르쳤는데, 강의 중간중간 선교 이야기도 나누었다. 어느 날 학생들에게 "만약 땅이 있다면 교회와 학교 사역을 하고 싶다"라고 말했는데, 그 말을 마음에 새긴 한 학생이 나를 솔라나의 땅으로 안내해 주었다.

처음 그 땅을 보았을 때 솔직히 실망스러웠다. 시골 마을을 지나 뒷산을 한참 올라가야 닿을 수 있는 곳이었기 때문이다. '동네 앞산도 아니고, 뒷산이라니…'라는 생각이 들었다. 실망한 마음으로 바기오로 돌아와야 했는데, 돌아오는 길만도 무려 여덟 시간이 걸렸고, 산길만 차로 세 시간 달려야만 했다. 그런데 그 길에서 문득 눈에 들어온 것이 있었다. 바로 망고나무였다.

'이 지역에 망고가 잘 될까?' 하는 궁금증이 생겨 다음 주에 다시 그 땅을 찾아가 확인해 보았다. 놀랍게도 망고가 잘 자라는 땅이었다. 그때 깨달았다. 하나님께서 이 땅을 허락하신 것은 단순한 땅이 아니라, 사역의 방향과 비전을 함께 주신 것이라는 사실을. 그래서 나는 이곳에서 망고 농장을 시작했고, 지금까지 이어지고 있다.

망고 농장을 시작하기로 결심한 그 시점에 한국에서 전화가 걸려왔다. 지인을 통해 알게 된 한 분이 "누군가 땅이 있다면 교회를 지어 주고 싶다"고 말씀하신 것이다. 나는 기쁨으로 "있습니다! 직접 와서 보시죠"라고 대답하며 방문 약속을 잡았다.

하지만 그분을 뒷산까지 데려갈 수는 없었다. 그래서 바랑가이 캡틴에게 조언을 구했더니, 당시 시장이 근처에 땅을 많이 가지고 있다는 이야기를 해 주었다. 나는 곧장 시장 사무실로 찾아가 이렇게 말했다.

"저는 한국에서 온 선교사입니다. 이 지역에서 교회와 학교 사역을 하고 싶은데, 혹시 땅을 기부해 주실 수 있겠습니까?"

그러자 시장은 주저하지 않고 "그래 줄게"라고 답했다.

그 순간 나는 놀라움과 감사함으로 가득 찼다. 하나님께서 친히 길을 여시고 일하신다는 사실을 다시 한 번 확인할 수 있었다. 이제 남은 것은 교회를 건축해 주시겠다는 분을 기다리는 일이었다.

땅을 직접 본 후, 그분은 마음에 감동을 받은 듯 주저하지 않고 건축비를 헌금해 주셨다. 곧바로 건축이 시작되었고, 건물의 크기는 가로, 세로 8미터씩, 총 32미터, 교실 세 칸을 지을 수 있는 규모였다. 건축은 전형적인 교회 건물 형태가 아니라 학교 형태로 지어졌다. 주중에는 교육의 장으로, 주일에는 예배당으로 활용할 수 있기에 훨씬 실용적이라 생각했기 때문이다. 이렇게 하나님은 우리가 상상하지 못한 방식으로 사역의 터전을 준비해 주셨다.

그러나 학교를 연다는 것은 단순히 건물만 있다고 되는 일이 아니었다. 매달 교사들의 월급이라는 고정 지출이 필요했기 때문이다. 당시의 나로서는 감당할 수 없는 일이었다. 그래서 땅을 기부받고 학교를 실제로 오픈하기까지는 무려 9년이 걸렸다. 그 시기는 나에게 너무 힘들고 배고픈 시간이었고, 무엇보다 아내와 딸 소연이에게 나는 무능한 남편, 아버지로 비칠까 두려웠다. 마음의 짐은 이루 말할 수 없을 정도로 무거웠다.

그런데 하나님은 또 한 번 길을 여셨다. 어느 날, 우리네교회(순복음)의 박종기 목사님과 새샘물교회(통합측 장로교)의 한창우 목사님이 방문하셨고, 나는 그분들께 하나님께서 주신 비전을 설명했다.

"필리핀은 선교적으로 매우 중요한 위치에 있습니다. 필리핀, 말레이시아, 인도네시아는 모두 같은 말레이 혈통의 국가들입니다.

그러나 말레이시아와 인도네시아는 무슬림 국가이며, 필리핀 남쪽 민다나오 역시 무슬림이 장악하그 있습니다. 그들은 북방정책을 따라 세력을 북쪽으로 넓혀 가고 있습니다. 만약 필리핀이 무슬림화된다면 아시아 전체가 심각한 위험에 빠질 것입니다.

따라서 저는 학교를 통해 어린 시절부터 기독교 세계관을 가르치고 싶습니다. 언어의 달란트가 많은 필리핀 사람들이 장차 말레이시아와 인도네시아에 선교사로 진출한다면, 언어 장벽으로 힘들어하는 한국 선교사들보다 훨씬 큰 열매를 맺을 수 있을 것입니다. 또 이곳에서 잘 양육된 학생들이 훗날 한국이나 다른 나라로 노동자로 가게 된다면, 평신도 선교사의 역할을 감당하게 될 것입니다. 물론 긴 시간과 희생이 필요하지만, 하나님께서 이 비전을 내게 보여주셨기에 나는 이곳에 있습니다. 이 사역은 많은 동역자와 물질이 필요하기에 내가 혼자 다 할 수는 없습니다. 다만 하나님께서 허락하신 시간만큼 최선을 다할 뿐입니다."

그들의 도움, 특별히 새샘물교회 한 목사님의 후원으로 건축이 다시 진행되었고, 기존 건물에 이어 붙여 총 32미터 규모로 확장되었다.

하나님의 일하심은 참 놀랍다. 건축이 시작될 무렵 또 한 통의 전화를 받았다. 한국 임마누엘교회의 나경옥 목사님이 사역지를 방문하겠다는 것이었다. 마닐라 공항에서 처음 뵌 나 목사님은 "선교사님, 저 모르시겠어요?"라고 물으셨다. 기억이 잘 나지 않았지만, 알고 보니 내가 칼빈신학교 3학년 때 학생회 임원으로 있을 당시 입학했던 신입생이었다.

뒤에 알게 된 사실이지만, 2010년과 2011년, 2년에 걸쳐 필리핀 구순구개열 아이들을 위해 한국 의사들을 초청해 무료 수술을 진행한 적이 있었다. 그때 약 30만 원을 헌금한 교회가 바로 임마누엘교회였다. 당시 개척한 지 얼마 되지 않은 작은 교회였지만 귀한 헌금을 보내주었던 것이다. 이처럼 하나님은 이미 오래전부터 관계를 예비해 오셨던 것이다.

나 목사님과 임마누엘교회 성도 몇 분이 사역지를 방문했을 때 이렇게 물었다.

"선교사님, 교실이 있는데 왜 학교를 안 하세요?"

나는 교사 월급을 감당하기 어려워 망고 농장을 시작했고, 수확이 본격화되면 학교를 시작하려 한다고 대답했다. 그러나 목사님은 이렇게 말씀하셨다.

"지금 당장 시작하세요. 저희 교회가 감당하겠습니다."

아멘!

 말과 마음: 필리핀 문화와 선교의 길

그리하여 2019년, 드디어 다이나믹 크리스천 글로벌 스쿨
(Dynamic Christian Global School)이 시작되었다.

교사 모집

학교를 시작하기 위해 가장 시급했던 일은 교사 모집이었다. 그 것도 단순한 교사가 아니라, 신앙을 가진 크리스천 교사였다. 그러나 솔라나와 같은 시골 지역에서 교사를 구한다는 것은 결코 쉬운 일이 아니었다. 게다가 충분한 급여를 줄 수 없는 상황이었기에, 지원자를 기다리는 동안 마음이 조급해지기도 했다. 그럼에도 나는 하나님께서 반드시 필요한 교사를 예비해 두셨을 것이라 믿었다.

그렇게 한 명의 교사가 채용되었고, 유치원 과정부터 학교가 시작될 수 있었다. 그 교사는 바로 Ivonette S. Labang 선생님이었다. 사실 그녀는 자신의 이름을 밝히지 말아 달라고 했지만, 이 책을 읽는 분들이라면 이미 짐작할 것이다. Ivonette 선생님은 아이들을 참 좋아하는 교사였다.

 말과 마음: 필리핀 문화와 선교의 길

그러나 1년의 학년을 마친 후, 그녀는 내게 사임하겠다고 통보했다. 이미 마음을 정한 듯 보였기에 억지로 붙잡지는 않았다.

나중에 알게 된 사실이지만, 그녀가 그런 결정을 내린 이유는 우리 학교가 아직 학교답게 보이지 않았기 때문이었다. 당시 건물은 지금의 70미터 규모와 달리 35미터에 불과했고, 교문도 없었으며 학교 이름조차 내걸지 못한 상황이었다. 그녀의 입에서 "이게 학교야?"라는 말이 나온 것도 무리가 아니었다.

그러나 하나님은 여전히 나의 편이셨다. 마침 코로나가 터지면서 전 세계가 자유롭지 못한 상황에 빠졌고, 필리핀도 예외가 아니었다.

얼마 후 Ivonette 선생님은 내게 찾아와 계속 학교에 남겠다고 말했다. 나는 흔쾌히 그러라고 했다. 팬데믹 속에서도 우리 학교는 수업 과정을 동영상으로 제작해 USB에 담아 집집마다 배달하며 수업을 이어갔다. 힘든 시기였지만, 마음은 평안했고 오히려 기쁜 일이 생겼다.

어느 날 Ivonette 선생님이 내게 조심스럽게 물었다.
"목사님, 질문 좀 해도 될까요?"

나는 기쁘게 대답했다.
"물론이지요."

그녀는 성경을 들고 와 이해되지 않는 부분을 물었다. 지금은
정확히 어떤 본문이었는지는 기억나지 않지만, 그 후로 거의 매일
내 책상에 찾아와 질문을 이어갔다. 몇 달 동안 끊임없이 성경에
대해 묻는 그녀의 모습은 결코 귀찮지 않았다. 오히려 목사로서,
선교사로서 더 큰 기쁨이 될 뿐이었다.

그러던 어느 날, 그녀가 조심스럽게 물었다.
"목사님, 제가 교회에 출석해도 될까요?"

나는 벅찬 기쁨으로 대답했다.
"그럼요, 물론이지요. 나는 너무 기쁘답니다!"

그 순간부터 그녀와의 동역이 시작되었다. 교회에서는 부교역자
의 역할을 감당하며 헌신했고, 학교에서는 비록 체육교사로 임명
되었지만, 기독교 예절을 가르치며 학생들에게는 구약과 신약의
서론까지 맡아 가르친다. 그녀는 하나님께서 보내 주신 참으로 귀
한 동역자이다.

현재, 우리 학교에서 근무하는 교사는 총 9명의 정교사가 있다.

   말과 마음: 필리핀 문화와 선교의 길

주니어 하이스쿨 인가 받기

대부분의 나라에서는 유치원, 초등학교, 중학교, 고등학교, 대학교로 이어지는 비슷한 교육 과정을 가지고 있다. 그러나 필리핀은 조금 다르다. 과거에는 중·고등학교 과정을 4년만 마치면 곧바로 대학에 진학할 수 있었다. 하지만 최근 개편으로 주니어 하이스쿨(Junior High School: 7~10학년, 4년)과 시니어 하이스쿨(Senior High School: 11~12학년, 2년) 체제가 도입되어 다른 나라와 비슷한 학제 구조를 갖추게 되었다.

이 제도의 변화는 우리 학교에도 중요한 질문을 던졌다.
"어떤 과정을 먼저 열 것인가?"
초등학교부터 시작할 것인가, 아니면 하이스쿨 과정을 먼저 개설할 것인가? 깊이 고민했다. 이미 이 지역에는 초등학교가 두 곳 있었다. 그러나 하이스쿨은 없었기에, 학생들은 먼 솔라나 타운까지 나가야만 했다. 지역적 필요가 분명했기에 나는 주저하지 않고 하이스쿨 과정을 먼저 열기로 결정했다.

2020년, 필리핀 교육부(DepEd) 카가얀 지부에서 실사단이 우리 학교를 방문했다. 건물과 시설, 행정 서류를 점검한 후 그들은 이렇게 말했다.

"우선 7학년만 개설하십시오."

그러나 나는 쉽게 받아들일 수 없었다. 7학년만 열든, 7학년부터 10학년까지 열든 필요한 교사 수는 똑같이 7명이었다. 한 학년만 개설하면서 같은 인원을 유지하는 것은 불합리했다. 나는 그들에게 정중하면서도 단호하게 말했다.

나는 교육부 실사단에게 점심 맛있게 드시고 돌아가시라고 했다. 나는 주니어 하이스쿨을 개설하지 않겠다고 말했다. 그들은 당황해서 내게 물었다. 왜 갑자기 그러냐고….

나는 그들에게 대답했다.

"제가 사업가로 보이십니까? 만약 사업가라면 이 낙후된 지역에 학교를 세우지 않았을 것입니다. 저는 선교사이며 목사입니다. 교육부가 감당해야 할 일을 대신하려는 것뿐인데, 고작 7학년만 개설하라니요. 저는 하나님의 사명 때문에 이 학교를 세우는 것입니다."

순간 실사단은 당황한 기색을 보였고, 결국 상급자에게 전화를 걸었다. 통화가 길게 이어진 끝에, 그들은 서류를 조금 더 준비해 제출하라는 요청을 남겼다. 우리는 요구에 성실히 응했고, 마침내 주니어 하이스쿨 전 학년, 즉 7학년부터 10학년까지의 개설 인가를 받게 되었다.

나중에 알게 된 사실이지만, 이는 카가얀 지부가 설립된 30년 역사에서 처음 있는 일이었다. 그 순간 나는 다시금 확신했다. 이 모든 일은 사람이 아니라 하나님께서 이루신 것임을. 나는 그저 그분의 심부름꾼일 뿐이었다.

주니어 하이스쿨 이야기

필리핀 교육부(DepEd)의 인가를 받아 주니어 하이스쿨(7~10학년)을 개설하게 된 것은 분명 하나님의 은혜였다. 그러나 학교를 운영하는 일은 또 다른 도전이었다.

한국에서는 흔히 '중2병'이라는 말을 쓴다. 세상을 다 아는 듯 굴고, 부모와 교사에게 반항하면서도 동시에 인정받고 싶어 하는 나이, 바로 사춘기의 한복판이다. 그런데 그런 아이들만 모아 둔 학교를 상상해 보라. 그것이 바로 주니어 하이스쿨이다. 그리고 내가 바로 그 학교를 설립하게 된 것이다.

2024년 8월, 우리 학교는 7학년과 8학년을 받으며 첫발을 내디뎠다. 처음부터 10학년까지 전부 개설하지 않은 이유는, 학교 운영이 처음이라 실수를 줄이고 싶었기 때문이다. 그러나 얼마 지나지 않아 예상치 못한 이야기가 들려왔다. 몇몇 학부모들이 "아이들이 전학을 가고 싶어 한다"는 소문을 전해 준 것이다.

무엇이 문제일까 고민하던 나는, 매일 아침 스쿨버스가 학교에 도착하는 시간에 맞춰 교문 앞에 나가 아이들을 맞이하기 시작했다. 차에서 내리는 학생들을 한 명, 한 명 안아 주었다. 처음에는 어색해하며 마지못해 안기는 모습이었지만, 시간이 지나면서 그 포옹은 점점 자연스러워졌다. 그러던 어느 날, 우리 학교 여학생인 다바인(Divine Marjorie)이 수줍게 말했다.

"목사님, 저도 안아 주세요."

"그래, 오너라."

그 작은 포옹이 학생들의 마음을 바꾸기 시작했다. 나중에 학부모들로부터 이런 말을 듣게 되었다.
"선교사님, 어떻게 우리 아이들의 마음을 그렇게 바꾸셨나요?"

물론 단순히 포옹만으로 이루어진 변화는 아니었다. 나는 모든 교사들에게 사춘기 학생들의 특징을 연구하고 보고서를 작성하게 했으며, 직접 강의도 했다. 남자와 여자의 발달 차이에 대해서도 함께 공부하며, 교사들이 학생들을 더 깊이 이해할 수 있도록 도왔다. 교사들이 학생의 마음을 알아줄 때, 그들의 반항과 혼란은 점점 열림과 신뢰로 바뀌어 갔다.

나의 어린 시절

- '안 된다'는 말 속에서 길을 찾다

그러면서 나 자신도 어린 시절을 돌아보게 되었다. 사실 내 어린 시절은 행복했다고만 할 수는 없다.

나 역시 또래 아이들처럼 하고 싶은 것이 많았다. 동네 아이들이 자전거 타는 모습을 보며 나도 갖고 싶어 졸랐지만, 어머니의 대답은 늘 "안 된다"였다. 집이 특별히 가난했던 것도 아니었는데, 내 어린 시절은 늘 "안 돼!"라는 말과 함께였다. 몇 날 며칠을 졸라 얻은 것은 겨우 중고 자전거 한 대였다.

그 시절 유행하던 태권도도 배우고 싶었고, 친구들이 다니는 주산·부기 학원에도 가고 싶었다. 학원에 다니면 무료로 주는 신발주머니가 부러웠지만, 끝내 허락받지 못했다. 겨울이면 논바닥이 얼어 아이들은 썰매나 스케이트를 탔지만, 나에게는 썰매를 만들어 줄 형도, 스케이트를 사 줄 부모도 없었다.

그러던 어느 날, 내가 초등학교 4학년이던 때였다. 막내 고모가 시집을 가면서 내게 스케이트를 선물로 주었다. 그날 밤 나는 너무 기쁜 나머지 방 안에서 스케이트를 신고 벗기를 반복하다가 결국 가슴에 품고 잠들었다. 내 인생에서 가장 잊을 수 없는 선물이었다.

세월이 흘러 내가 50이 넘어서 그 이야기를 고모에게 했더니, 고모는 기억조차 못하고 계셨다. 그러나 내게는 그 작은 선물이 한없이 소중한 기억으로 남아 있다.

초등학교 5학년 겨울, 학교에서 스케이트 선수를 선발해 학교 대표로 서울시 대회에 내보내려고 하였고, 같은 반 아이들이 나를 추천했다. 대회 날 나는 태릉 선수촌의 400미터 빙판 트랙에 섰다. 출발 신호와 함께 선두로 치고 나갔지만, 내 스케이트화는 선수용이 아니어서 빙판을 감당하지 못했고, 결국 넘어졌다. 다시 일어나 달려 3등을 했다.

나는 스케이트 타는 것이 너무 좋았다. 그때부터 내 장래를 스케이트와 함께하고 싶었다. 그러나 부모님의 결사 반대에 부딪혔다. 그동안 하고 싶었던 것들이 번번이 제지당했던 내게 그것은 큰 좌절이었다.

어머니는 몇 분의 상담사를 내게 붙였지만, 나는 그들과 대화조차 하기 싫었다. 그래서 모든 것을 포기하고 싶었다. 공부도, 식사도, 인생도 포기하고 싶었다.

그런 우여곡절 속에서 나는 아이스하키 선수 생활을 시작하게 되었다. 선수 생활은 힘들고 어려웠지만, 나게는 기쁨이었다. 가끔 선배들에게 하키 스틱으로 맞아 허벅지에 피멍이 들기도 했지만, '어떻게 시작한 건데 포기할 수 있나'라는 마음이 나를 버티게 했다.

고등학교 때는 주장으로 뛰었고, 광운대학교에 입학해서는 1학년부터 주전으로 시합에 나섰다. 그러나 아이스하키는 몸싸움이 많은 종목이라 늘 부상이 따랐다.

1988년, 마지막 시합이었다. 상대 선수와 몸싸움을 하다 함께 넘어져 그대로 펜스에 부딪혔다. 시합은 증단되고, 상대 선수와 나는 들것에 실려 나왔다. 무릎이 너무 아팠다. 감독이 "정배야, 더 뛸 수 없겠니?"라고 물었을 때, 나는 "뛰겠습니다!"라고 대답했다. 게임이 끝나고 무장을 벗어보니, 내 무릎은 보통의 두 배로 부어 있었다.

급히 집에 와 어머니께 말했다.

"어머니! 저 무릎 다쳤어요. 병원 가서 엑스레이 좀 찍어야겠어요."

그러자 어머니는 이렇게 대답했다.

"집에서 찜질이나 하지."

그 순간 나는 큰 상처를 받았다.

상처는 대부분 가장 가까운 사람들에게서 온다. 그래서 우리가 평생 잊지 못하는 상처들은 부모나 형제, 가족으로부터 받은 경우가 많다. 나 역시 그렇다. 너무나도 사랑하는 존재들이지만, 그 상처를 떠올리면 여전히 마음이 아프다.

그러나 바로 그 경험이 지금의 나를 사역의 자리로 이끌었다. 나와 같은 상처를 가진 학생들에게 희망을 주고 싶다. 그리고 그 상처가 더 이상 삶을 짓누르는 짐이 되지 않도록, 하나님께서 치료해 주시는 은혜를 경험하게 하고 싶다. 이것이 내가 학교를 세우고, 그들과 함께 울고 웃으며, 교육과 복음을 전하려는 이유다.

주니어 하이스쿨에서의 경험은 나로 하여금 더 깊은 깨달음을 주었다. 사춘기 학생들만이 아니라, 그보다 더 어린 아이들 역시 상처와 공허함 속에서 자라고 있다는 사실이었다. 만약 더 어릴 때부터 말씀과 사랑으로 양육할 수 있다면, 그들의 인생은 훨씬 더

단단한 토대 위에 세워질 수 있을 것이다. 그래서 나는 주저하지 않고 초등학교 과정을 개설하기 위한 또 다른 도전에 나서게 되었다. 그것이 곧 초등학교 인가 과정이었다.

초등학교 인가

학교 사역을 준비하거나 꿈꾸는 모든 분들께, 이 책이 작은 도움이 되기를 바란다.

나의 경우 유치원으로 시작했고, 이어서 주니어 하이스쿨을 개설한 후, 마지막으로 초등학교 과정을 열게 되었다.

사실 이는 쉽지 않은 순서였다. 초등학교는 한 교사가 한 학년 전체를 맡아 가르칠 수 있지만, 하이스쿨은 과목마다 교사를 따로 채용해야 한다. 그만큼 인력과 재정의 부담이 훨씬 컸다. 만약 유치원 후에 곧바로 초등학교를 개설했다면, 유치원 학생들이 자연스럽게 1학년으로 올라왔을 것이고, 학생 모집에 대한 부담도 덜했을 것이다.

그러나 더 큰 문제는 교실 확보였다. 2025년 처음으로 1학년을 받았는데, 이들이 내년에 2학년으로 진급하려면 새로운 교실이 반드시 필요하다. 나는 최대한 절약하며 건축을 진행하고 있고, 우선은 교실 2개를 완공하는 것을 목표로 하고 있다. 2025년 10월 현재, 벽돌은 다 올라갔지만 지붕이 없는 상태다. 지붕 공사는 목돈이 들어가기 때문에, 나는 기도 편지를 보내며 후원을 기다리고 있다.

하지만 지금의 1학년 아이들을 바라볼 때마다 마음은 기쁨으로 가득하다. 유치원 때부터 함께해 온 아이들이라 나와 장난도 잘 치고, 서로 친밀하다. 초등학교가 6학년까지 갖추어지려면 앞으로 5년이 더 필요하지만, 나는 기대한다. 그 5년 동안 하나님께서 어떻게 역사하실지를.

크리스천 스쿨
- Dynamic Christian Global School

내가 사역하는 학교는 '다이나믹 크리스천 글로벌 스쿨', 크리스천 학교다.

필리핀에서 정부로부터 학교 인가를 받아 학교를 운영하는 일은 결코 쉽지 않다. 그러나 사립학교는 커리큘럼을 조정할 수 있다는 점은 큰 장점이다. 덕분에 아이들에게 어린 시절부터 하나님을 가르칠 수 있는 귀한 기회를 얻고 있다.

우리 학교에 입학하는 아이들의 부모들은 반드시 서약서에 서명해야 한다. 즉 이 학교는 성경에 입각해 하나님을 가르치며, 학생들은 정기적인 예배와 말씀 교육에 참여한다는 점을 분명히 하는 것이다.

필리핀 교육부가 정한 필수 교과(메이저 과목)는 필리피노, 영어, 수학, 과학, 사회다. 그러나 그 외 과목들은 학교에서 조정할 수 있

 말과 마음: 필리핀 문화와 선교의 길

기 때문에, 우리는 성경과 신앙 교육을 교과 과정 속에 자연스럽게 포함시킬 수 있다. 이것이 크리스천 스쿨의 가장 큰 장점이다.

유치원 과정에서는 매일 성경 이야기를 들려주고, 말씀 그림책 색칠하기를 통해 아이들이 성경을 친근하게 접하도록 한다. 하루의 시작과 마무리를 기도로 하는 것은 우리 학교의 기본 원칙이다.

초등학교 과정은 현재 1학년만 운영 중이다. 초등학교는 한 명의 담임 교사가 전 과목을 가르치기 때문에 무엇보다 교사의 믿음이 중요하다. 매주 수요일 첫 시간에는 예배를 드리며, 수업 속에서도 말씀과 연관된 활동을 통해 아이들이 말씀을 삶 속에서 자연스럽게 누리도록 돕는다.

주니어 하이스쿨 과정은 조금 더 다양하다. 모든 수업은 기도로 시작하고 마치며, 이는 각 교사가 직접 인도하거나 학생들에게 맡긴다.

7학년에서는 '하나님이 살아 존재하시는가?'라는 주제로 토론과 증거들을 다루며, 하나님의 존재를 전제로 우리는 어떻게 살아야 하는지 고민한다.

8학년에서는 이성 교제와 결혼을 다룬다. 안타깝게도 개교 첫 해, 8학년 여학생 한 명이 임신하여 학업을 중단했다. 나이가 고작 열세 살이었다. 필리핀에서는 미성년자 임신이 흔한 일이지만, 결코 당연히 받아들일 수 없는 현실이다. 그래서 우리는 학생들에게 이 문제의 심각성과 책임을 가르치며, 무엇보다 본인이 큰 상처와 피해를 입게 된다는 사실을 강조한다.

9학년에서는 가족과의 관계, 특히 부모 공경과 재정 관리에 대해 배운다. 필리핀 사회에서 가족은 중요한 공동체이지만, 아이들은 어려서부터 '포기'를 먼저 배우는 경우가 많다. 대부분의 이유는 경제적 어려움 때문이다. 많은 가정이 은행 계좌조차 없으며, 교사들조차 내가 권유해 뒤늦게 계좌를 만든 경우가 많다. 저축보다는 소비에 치중된 경제 문화 속에서, 학생들에게 바른 재정 관리와 청지기의식을 가르치는 교육은 매우 중요하다.

10학년에서는 성경 자체를 가르친다. 구약과 신약의 개론을 배우며, 말씀을 직접 접하는 훈련을 한다.

이처럼 유치원에서부터 고등학교에 이르기까지 일관된 기독교 교육을 이어 간다면, 분명 하나님께 헌신하는 학생들이 세워질 것이라 믿는다. 언젠가 그런 학생들이 나오면 신학교 과정을 개설할 계획도 있다. 그러나 헌신하지 않더라도 괜찮다. 그들이 학교에서 배운 신앙의 가치와 삶의 태도를 각자의 자리에서 실천한다면, 하나님께서 기뻐하시리라 확신한다.

타갈로그(Tagalog)와 필리피노(Filipino)
- 복음 전파의 공용어

교회 건물도 없이 개척한 교회가 그들의 눈에 어떻게 보였을까?

필리핀의 로만 가톨릭 교회들과 여러 이단 교회[2]들은 웅장하고 아름다운 건물을 자랑하지만, 정작 개신교 교회들은 쉽게 눈에 띄지 않는다.

그러나 복음의 능력은 건물의 크기에 있지 않다. 그것은 사람의 언어로 전해질 때, 마음의 문을 여는 능력으로 나타난다.

나는 그 사실을 '타갈로그어'를 통해 직접 경험했다.

---

2) 필리핀에는 많은 이단 교회들 중 'Iglesia ni Cristo'가 있다. 필리핀 자생 종교로 필리핀의 민족주의를 안고 '마날로(Félix Manalo)'에 의해 창시 됐다.

 말과 마음: 필리핀 문화와 선교의 길

교회 개척 과정

교회를 개척하는 것은 결코 쉬운 일이 아니다. 특히 필리핀에서 외국인이 교회를, 그것도 가톨릭 국가에서 장로교 개신교회를 세운다는 것은 더욱더 어려운 일이다.

나는 2011년, 전 바랑가이 캡틴이었던 발데즈(Valdez)의 집 마당에서 예배를 시작했다. 성도들은 나무 그늘에 앉았고, 나는 서서 육성으로 말씀을 전했다. 이렇게 3년 동안 마당 교회 예배가 이어졌다.

그런데 가장 큰 걸림돌은 예배 언어였다. 이 지역은 일루카노(Ilocano), 이타위스(Itawes), 이바낙(Ibanag), 일로코(Iloco), 그리고 비사야(Cebuano를 포함한 Visayar)까지 다양한 언어가 섞여 있었다. 일루카노어를 사용하는 사람이 타갈로그(Tagalog)를 말할 때는 강한 억양이 섞여 있어서 이해하기 어려웠다. 이는 마치 경상도 사람이 영어를 하면, 한국 사람은 그가 경상도 출신임을 금세 알아차리는 것과 같다.

그래서 나는 의도적으로 사람들과 많은 대화를 나누었다. 그 과정에서 그들은 내 발음을 교정해 주기도 했고, 나는 그들의 억양에 익숙해졌다. 언어는 단순히 대화의 도구가 아니라 서로의 마음을 이어주는 다리였다. 발음이 서툴렀지만, 성도들은 내 진심을 느끼고 눈물을 흘리며 말씀을 받아들였다.

언어가 멀면 마음도 멀 수밖에 없다. 반대로 언어가 가까워지면, 설사 건물이 멀리 있어도 공동체는 더 하나가 될 수 있다. 예배 언어를 현지인들의 언어로 바꾸자, 사람들은 교회를 '외국 선교사의 교회'가 아니라 '우리의 교회'로 받아들이기 시작했다.

그 후 2.5km 떨어진 기부받은 땅에 작은 사무실을 지어 오피스 예배를 시작했으나, 첫 주일에는 단 한 명만이 참석했다. 문제는 거리가 아니라, 뜨거운 햇볕 아래 걸어오는 것이 너무 힘들다는 점이었다. 결국 차량이 필요했다.

처음에는 캡틴의 낡은 지프니를 빌려 사용료를 지불하며 성도들을 실어 날랐다. 그러자 사람들이 모여들었고, 교회는 부흥되는

   말과 마음: 필리핀 문화와 선교의 길

듯 보였다. 그러나 내가 헌금을 모아 직접 지프니를 구입하자, 도움을 주지 않아도 된다고 느낀 캡틴과 그의 가족, 친척 약 30명이 교회를 떠나 버렸다. 교회는 갑자기 썰렁해졌다.

그러던 어느 주일, 예배 후 한 아이를 의해 기도해 달라는 요청이 있었다. 사실 간절한 마음은 없었고, 그저 의무감으로 기도를 드렸을 뿐이다. 그런데 그 아이가 집으로 돌아가는 길에 갑자기 나아졌다. 치유의 역사를 행하신 분은 하나님이셨다. 나는 단지 기도의 통로였을 뿐이다.

그 사건 이후 새로운 성도들이 계속 찾아왔다. 사람들은 매주 기도를 받길 원했고, 나는 머리에 손을 얹고 더욱 간절히 기도하게 되었다. 그렇게 다이나믹 크리스천 교회가 시작되어 갔다.

돌이켜보면, 이 모든 과정 속에서 결정적인 열쇠는 바로 '언어'였다.

현지의 언어로 말씀을 전할 때, 그들의 마음은 더 빨리 열렸다.

언어는 단순한 소통의 수단이 아니라, 복음이 사람의 심령에 스며드는 하나님의 도구였다.

그래서 나는 지금도 말한다.

"복음은 언제나 사람의 언어로 들려질 때, 진정한 생명이 된다."

필리핀 선교의 부정적 관점

필리핀 사역은 결코 단순하지 않다. 많은 한국 선교사들은 현지 사역자를 두고 사역을 이어가지만, 그 과정에는 여러 문제가 따른다.

첫째, 현지 사역자의 신학적 준비 부족

내가 신학교에서 2년간 강의할 때, 단 3개월 혹은 6개월만 공부하고 곧바로 교회를 맡는 학생들을 자주 보았다. 그들은 학업을 중단한 채 목회 현장에 투입되었고, 그럼에도 "Pastor"이라 불리며 교회를 책임졌다. 한국에서 정규 과정을 모두 마친 나조차 여전히 부족함을 느끼는데, 충분한 훈련 없이 목회를 감당하는 그들의 모습은 우려스러울 수밖에 없었다. 그래서 지원 요청을 받았지만 거절할 수밖에 없었다.

한 번은 처음 보는 현지 사역자가 찾아와 자기 교회를 후원해 달
라고 요청한 일이 있었다. 나는 그에게 물었다.

"어디서 어떻게 공부했습니까?"

그러자 그는 팡가시난에 있는 성경학교에서 3년간 공부했다고
대답했다. 나는 교회 지원과 함께 학비도 제공할 테니 PBTS[3]에서
더 공부할 것을 권했지만, 그의 대답은 "필리핀은 한국과 다릅니
다"였다.

만약 누군가가 내게 학비를 지원해 주었다면, 나는 당연히 공부
를 선택했을 것이다. 그러나 다년간의 교회 사역과 신학교 사역을
통해 내가 본 바로는, 필리핀 사람들은 전반적으로 공부를 길게 이
어가는 것을 좋아하지 않는 경향이 있다. 그래서 필리핀에는 이른
바 '숏컷(지름길) 문화'가 자리 잡고 있다.

---

3)　Philippine Baptist Theological Seminary 당시 내가 사는 바기오 시티에 있는 신학교
　　이다.

둘째, 언어의 문제

한국 선교사들은 현지 사역자의 설교를 온전히 이해하기 어렵다. 언어가 다르니 성도들이 어떻게 받아들이는지, 복음이 바르게 전해지고 있는지 직접 확인하기 힘들다. 때로는 문화적 뉘앙스까지 겹쳐 설교가 전혀 다른 의미로 해석될 위험도 있다.

만약 선교사가 설교 내용을 알았다면, 잘못된 부분을 수정하고 보완할 수 있었을 것이다. 선교사는 단순히 교회 건물을 세우는 사람이 아니다. 사람을 세워 가는 것이 선교사의 사명이다. 그러나 필리핀에서 16년간 사역하며 봐 온 많은 교회들 중에는 문을 닫아 창고나 폐허가 되어 버린 곳이 적지 않았다. 그곳을 후원한 한국 교회가 본다면 얼마나 마음 아픈 일이겠는가. 이처럼 선교사는 언어의 중요성을 깨닫고 철저히 배우고 준비해야 한다.

또 하나 안타까운 사실은, 중국에서 사역하다가 중국 정부의 교회 탄압으로 필리핀이나 다른 나라로 옮겨 온 선교사들을 만나보면, 중국에서 수년간 활동했음에도 중국어로 설교할 수 있는 사람을 거의 보지 못했다는 점이다. 이는 비단 중국이나 필리핀만의 문제가 아니다. 내 생각에는, 타 문화권에 나가 있는 한국 선교사들 가운데 현지 언어로 자유롭게 설교할 수 있는 사람은 극히 드물

  말과 마음: 필리핀 문화와 선교의 길

다. 참으로 안타까운 현실이다.

이와 같은 언어의 문제는 사역 현장에서만 나타나는 것이 아니다. 언어를 못한다면 다른 누군가(언어에 능통한 자)의 신세를 져야 한다.

나는 가끔 다른 선교사들 한테서 전화를 받는다. 자동차가 고장 나서 저화를 할 때도 있고, 교통 경찰에게 걸려서 전화를 하는 사람도 있다. 어떤 상황인지 모르는 상태에서 말을 하고 해결하기는 어렵지만, 누군가의 신세를 지지 않으려면 반드시 해야 한다.

결국 이는 단순한 언어 장벽의 문제가 아니라, 복음의 본질이 왜곡될 수 있는 신학적 위기와도 연결된다. 따라서 교회 개척과 성장 과정에서 가장 중요한 과제는 건물이나 제도의 문제가 아니라, 바로 "어떤 언어로 복음을 전할 것인가" 하는 점이다.

영어와 교육: 캠퍼스 도시 선교의 기회

필리핀은 아시아에서 영어 사용률이 가장 높은 나라 중 하나지만, 실제 생활에서는 영어보다 자국어인 타갈로그(Tagalog) 또는 지역 언어를 더 선호한다. 공용어가 타갈로그어이기는 하지만, 지방에서는 여전히 모국어(Mother Tongue), 즉 지역 언어로 교육이 이루어지고 있다.

그러나 2024년 10월, 봉봉 마르코스(Pangulong Bongbong Marcos) 대통령 재임 시기에 공화국법 제12027호가 그의 서명 없이 자동 발효되었다. 이 법에 따라 모국어는 더 이상 의무적 교육 언어가 아니며, 단순한 보조 언어로 강등되었다. 즉 교사와 학교가 필요에 따라 선택적으로만 사용할 수 있게 된 것이다.

이 정책은 필리핀 교사단체(Teachers' Association)와 여러 교육 옹호 단체의 강한 반발을 불러일으켰다. 그 이유는, 모국어 교육이 학생들의 기초 학습 능력 향상과 지역 정체성 보존에 중요한 역할을 해왔기 때문이다. 갑작스러운 영어·타갈로그어 중심 전환은 오히려 학습 이해력을 떨어뜨리고, 지역 간 교육 격차를 심화시킬 수 있다는 우려가 크다.

그러나 선교사로서 학교 사역을 하는 입장에서 보면, 이 문제를 조금 다르게 볼 수 있다. 우리 학교에 입학하는 어린 학생들 가운데는 타갈로그어를 전혀 하지 못하는 경우가 많다. 부모가 타갈로그어를 사용하지 않거나, 아이들이 할머니 밑에서 자라다 보니 지역 언어만 익히는 것이다. 이는 곧 자국민의 활동 반경을 자기 지역에만 묶어 두는 결과를 낳는다. 만약 이들이 다른 지역에서 취업하려 한다면, 같은 나라 안에서도 의사소통에 어려움을 겪을 수밖에 없다.

이와 달리, 영어는 필리핀 사회 전반에서 여전히 중요한 위치를 차지한다. 영어는 학교에서 필수 과목일 뿐 아니라, 학부모들도 가장 중시하는 교육 요소 중 하나다. 실제로 바나우에나 사가다 같은 관광지에 가 보면, 가이드들은 유창한 영어를 구사한다. 흥미로운 점은, 과거 영어 중심 교육을 받았던 노인 세대는 오히려 타갈로그어보다 영어를 더 편하게 쓰기도 한다는 것이다.

또한 외국인 선교사의 입장에서 놀라운 점은, 타갈로그어가 공용어임에도 불구하고 모든 관공서 서류는 영어로 작성해야 한다는 사실이다. 선교사 비자 신청, 학교 인가 등 모든 공식 문서가 영어로 처리된다. 이는 필리핀 사회에서 영어가 단순한 교육 언어를 넘어 행정과 제도의 중심 언어로 기능하고 있음을 보여 준다.

선교적 관점에서 이러한 현실은 도전이자 기회가 된다. 모국어 교육의 약화는 지역 정체성과 기초 신앙 교육에 부정적 영향을 미칠 수 있지만, 동시에 영어와 타갈로그어 두 공용 언어를 통해 더 넓은 층에게 복음을 전할 수 있는 새로운 길이 열리고 있다. 특히 대학과 청년 인구가 집중된 '캠퍼스 도시(Campus Cities)'에서는 영어가 여전히 국제 언어이자 학문의 언어로 기능한다. 따라서 영어 교육과 복음 선교를 연결하는 전략은 필리핀 선교에서 매우 효과적인 접촉점이 될 수 있다.

코드 스위칭(Taglish)
- 청년 세대와의 소통 방법

'코드 스위칭(code-switching)'은 두 가지 이상의 언어를 번갈아 사용하는 현상을 말한다. 필리핀에서는 특히 타갈로그어와 영어를 한 문장 안에서 섞어 쓰는 형태가 일상적으로 나타난다. 이를 흔히 '타글리시(Taglish)'라고 부른다. 이는 단순히 언어를 바꾸어 쓰는 습관이 아니라, 세대의 정체성과 문화적 흐름을 보여주는 중요한 현상이다.

청년 세대를 중심으로 보면, 전통적인 타갈로그어 단어들이 점차 사라지고 대신 스페인어, 영어, 심지어 한국어에서 온 신조어들이 자연스럽게 사용된다. 예를 들면

스페인어 차용: ngunit(그러나) 대신 pero, aklat(책) 대신 libro

영어 차용: lihim(비밀) 대신 secret

신조어/외래어: irog(사랑하는 사람) 대신 한국어에서 온 jowa(boyfriend, girlfriend 의미)

이처럼 언어 사용이 변화하면서, 기성세대와 청년세대 사이에는 언어적 간극이 점점 커지고 있다. 기성세대는 'ngunit, aklat, lihim' 같은 전통적인 단어에 익숙하지만, 젊은 세대는 간단하고 국제적으로 통용되는 단어를 더 선호한다. 이는 단순한 언어 차이가 아니라, 사고방식과 문화적 정체성의 차이로까지 이어진다.

선교적 관점에서 이 문제는 단순한 언어 습관의 차이가 아니다. 만약 청년들에게 복음을 전하면서 고전적인 단어와 표현만을 사용한다면, 메시지는 낯설게 들리고 공감대를 형성하기 어려울 수 있다. 반대로 Taglish를 적절히 활용하면 "복음이 오늘날 청년들의 언어로 말해지고 있다"는 친근함을 줄 수 있다. 중요한 것은 언어가 단순한 전달 수단이 아니라, 하나님의 말씀이 오늘의 청년들의 삶 속에 실제적으로 연결되는 다리가 된다는 점이다.

그러나 주의할 점도 있다. 청년 세대에게는 Taglish가 자연스럽고 친근한 소통 방식이지만, 기성세대에게는 다소 가볍거나 경박하게 들릴 수 있다. 따라서 선교 현장에서는 청중의 연령과 상황에 맞추어 언어 사용을 지혜롭게 조율하는 균형이 필요하다.

결국 필리핀 선교사에게 영어와 타갈로그어는 필수적이다. 언어 선택은 단순한 편의의 문제가 아니라, 복음의 수용도와 직결되는

 말과 마음: 필리핀 문화와 선교의 길

중요한 신학적·문화적 과제다. 청년세대와의 소통에서 Taglish는 단순한 혼합 언어가 아니라, 새로운 복음의 통로가 될 수 있는 소중한 선교 자원이다.

언어 장벽을 넘어선 선교적 접근 사례

나는 매주 설교를 준비하면서 가장 많은 시간을 언어에 쏟는다. 타갈로그어로 설교문을 작성하고, 발음을 익히며, 표현을 다듬는 과정은 여전히 큰 부담이다. 특히 어려운 부분은 성경 인명(人名)의 차이이다. 예를 들어 '야고보'는 영어 성경에서는 'James'로, 타갈로그 성경에서는 'Santiago'로 기록되어 있다. 또 '마태'는 영어로 'Matthew', 타갈로그로는 'Mateo'가 된다. 이처럼 이름들이 달라지다 보니, 설교 준비를 할 때마다 한국어 성경, 영어 성경, 타갈로그 성경 세 권을 나란히 펴 놓고 비교하며 작업해야 한다. 그 과정은 많은 시간과 노력을 요구한다.

그러나 바로 이 과정을 통해 나는 언어의 장벽이 단순히 넘어야 할 장애물이 아니라, 하나님께서 나를 겸손히 훈련시키시고, 복음을 더욱 깊이 이해하게 하시는 중요한 선교의 자리임을 깨닫게 된다.

실제로 한 번은 이런 일이 있었다. 내가 '야고보서(James)'를 본문으로 설교했을 때, 성도들은 처음에는 설교 내용을 이해하지 못했다. 타갈로그 성경에서는 'Santiago'로 되어 있었기 때문이다. 나는 즉석에서 "Santiago는 우리가 흔히 아는 James, 곧 야고보와 같은 인물입니다"라고 설명했다. 그때 성도들의 얼굴에서 "아, 이제 알겠다"는 표정이 드러났고, 설교가 훨씬 더 매끄럽게 이어질 수 있었다. 단순한 이름의 차이처럼 보이지만, 그것이 설교 전체의 이해도에 큰 영향을 끼친다는 사실을 그날 뼈저리게 배웠다.

또 다른 경험도 있다. 교회에서 성찬 예식을 인도할 때, 내가 사용한 단어 하나가 성도들에게 전혀 다른 의미로 전달된 적이 있었다. 나는 '기념하다'라는 뜻으로 타갈로그 단어 'alaala'를 사용했는데, 일부 성도들은 그것을 '죽은 조상을 위한 제사'로 이해했던 것이다. 그 순간 나는 언어가 단순한 의사소통의 수단이 아니라, 신학적 의미를 정확히 담아내야 하는 중요한 통로임을 다시금 느꼈다. 그 이후로 나는 설교 원고를 마친 뒤, 반드시 현지인 사역자에게 검토를 부탁하고 오해의 소지가 있는 단어는 교체하거나 설명을 덧붙이도록 하고 있다.

이처럼 언어의 장벽은 늘 선교 현장에서 나를 시험한다. 하지만 동시에, 그 장벽을 넘어가는 과정 속에서 나는 더 깊이 복음을 붙들고, 성도들과의 소통을 위해 더 낮아질 수밖에 없음을 배운다. 언어는 단순한 도구가 아니다. 그것은 곧 복음의 그릇이며, 하나님께서 주신 선교적 훈련장이자 성숙의 길이다.

설교를 준비하는 과정 속에서 오히려 더 큰 은혜를 받을 때도 있다. 예를 들어, 시편 8편 5절을 보면 한국어 성경에는 이렇게 기록되어 있다.

"저를 천사보다 조금 못하게 하시고 영화와 존귀로 관을 씌우셨나이다."[4]

즉 하나님께서 우리를 천사보다 조금 못한 존재로 만드셨다는 의미이다.

그런데 타갈로그 성경을 보면 이렇게 번역되어 있다.

"sapagka't iyong ginawa siyang kaunting mababa lamang kay sa Dios, at pinaputungan mo siya ng kaluwalhatian at karangalan."

여기서는 하나님이 우리를 천사보다가 아니라, 하나님보다 조금 못하게 지으셨다고 표현한다.

---

4)　"그를 하나님보다 조금 못하게 하시고 영화와 존귀로 관을 씌우셨나이다" 개정개혁 4판에서는 '하나님보다'로 수정되었다.

또 다른 예로 시편 144편 1절을 보자.

"나의 반석이신 여호와를 찬송하리로다." (개역개정)

타갈로그 성경에서는 "Purihin ang Panginoon na aking malaking bato"라고 번역되어 있다. 여기서 'malaking bato'는 직역하면 '큰 돌'이라는 뜻이다. 그러나 단순히 '큰 돌'이라그 하면, 그 크기나 이미지가 모호해 오히려 감이 잘 오지 않는다.

그런데 영어 성경에서는 "Praise be to the LORD my Rock"이라고 기록되어 있다. 특히 'Rock'을 대문자르 표기하여, 하나님을 단순한 돌(stone)이 아니라 흔들림 없는 반석, 변치 않는 토대로 강조한다. 이 차이를 묵상하는 가운데, 나는 하나님께서 어떠한 상황 속에서도 흔들리지 않으시는 분임을 더 깊이 깨닫게 되었다.

이 차이는 단순한 번역상의 문제가 아니라, 말씀을 더 깊이 묵상하게 만드는 은혜의 통로가 된다. 하나님 앞에서 우리의 정체성과 존귀함을 다시금 확인하는 감격을 주는 것이다.

3부

문화 속 언어와 복음

언어는 단순한 소통의 도구가 아니라, 한 민족의 가치관과 세계관, 그리고 신앙의 표현까지도 담아내는 그릇이다. 필리핀에서 사역하며 경험한 바에 따르면, 복음을 전하는 일은 언제나 언어를 넘어 문화를 만나는 일이기도 하다. '말'은 곧 '삶의 방식'이며, 따라서 선교 현장에서의 언어 연구는 단순한 언어학적 관심이 아니라, '복음을 어떻게 이해하고 살아내게 할 것인가?'라는 신학적 과제와 직결된다.

이제부터 다루게 될 3부의 주제는 "문화 속 언어와 복음"이다. 여기에서는 필리핀 사람들의 일상 언어와 행동 속에 숨어 있는 문화적 가치와 종교적 의미를 살펴보고, 그것이 복음과 어떻게 충돌하거나 만나게 되는지를 구체적으로 탐구하고자 한다. 존칭과 위계, 가족 중심 언어, 기도의 표현, 축복과 인사법, 심지어는 무심히 쓰이는 작은 단어 하나까지도 복음을 전하는 문이 될 수도 있고, 때로는 장벽이 될 수도 있다.

따라서 3부는 단순한 문화 해설이 아니라, "문화 언어의 신학적 해석과 선교적 적용"을 목표로 한다. 언어 속에 드러나는 인간의 죄성과 왜곡을 직시하면서도, 동시에 복음 안에서 그것을 새롭게 해석하고 긍정적으로 수용할 길을 모색하려 한다. 이것은 단순히 필리핀이라는 특정 지역에 국한되지 않고, 모든 선교지에서 복음을 전하는 이들이 반드시 직면하게 되는 과제이기도 하다.

존칭과 위계 문화
- 복음 메시지를 전할 때의 태도

나를 방문했던 사람들은 종종 이렇게 묻는다.
"포(Po)가 뭐예요?"

아마 필리핀을 처음 방문하는 이들이 가장 많이 듣는 말 중 하나일 것이다. 한국인에게는 다소 낯선 이 짧은 단어가, 사실은 필리핀 문화 속에서 매우 중요한 의미를 지니고 있다.

필리핀 사람들은 대화를 나눌 때 존경과 공손을 표현하기 위해 문장 끝에 'po' 혹은 'opo'를 덧붙인다. 상대방이 연장자이거나 사회적으로 높여야 할 위치에 있다고 여길 때 자연스럽게 사용하는 존칭 표현이다. 예컨대 아이가 부모에게 대답할 때 "opo(네)"라고 하고, 손님에게 물건을 건네며 "salamat po(감사합니다)"라고 말한다.

그러나 존중과 위계의 문화는 언어에서만 드러나는 것이 아니다. 필리핀 사람들은 어른을 만나면 그 손을 잡아 자기 이마에 살짝 대는 인사를 한다. 이것을 '마노 포(Mano po)'라고 부른다. 단순한 인사 같지만, 실제로는 "당신의 축복을 구합니다"라는 의미를 담고 있으며, 연장자에 대한 존경과 겸손을 상징한다. 어린 세대가 어른을 대하는 모습 속에서 존중이 어떻게 문화적 습관으로 자리 잡아 있는지를 잘 보여준다.

우리 교회에 출석하는 아이들도 예배가 끝난 후 종종 내게 다가와 내 손을 잡고 자기 이마에 가져다 대곤 한다. 처음에는 무슨 일인가 싶어 당황했지만, 곧 그것이 축복을 구하는 마음이라는 사실을 알게 되었다. 지금은 아이들이 다가오면 나도 자연스럽게 손을 내어 주며, 그 마음을 기도와 축복으로 받아 준다. 단순한 몸짓이지만 그 안에는 아이들의 순수한 존경과 하나님의 은혜를 사모하는 마음이 담겨 있는 것이다.

짧은 단어 하나, 작은 몸짓 하나 속에 담긴 존중의 표현은 필리핀 사람들의 관계 문화를 드러낸다. 언어와 행동은 단순한 의사소통의 수단이 아니라, 그 사회의 가치관과 관계 맺음의 방식을 반영한다.

이 사실은 복음을 전할 때에도 매우 중요하다. 존칭과 위계 문화를 제대로 이해하고 존중하지 않는다면, 복음의 메시지는 상대방

말과 마음: 필리핀 문화와 선교의 길

의 마음에 닿기도 전에 거부감을 불러일으킬 수 있다. 반대로 작은 존경의 표현이 상대의 마음을 열고, 그 열린 마음이 복음을 받아들이는 통로가 되기도 한다.

따라서 선교 현장에서 우리는 단순히 '무엇을 전할 것인가?'만 고민할 것이 아니라, '어떻게 전할 것인가?'를 함께 깊이 생각해야 한다. 복음은 진리이지만, 그것을 전하는 우리의 태도와 언어는 진리를 비추는 그릇이 될 수도 있고, 가리우는 장벽이 될 수도 있다. 존칭과 예절, 그리고 존중의 문화는 선교 현장에서 반드시 배워야 할 중요한 언어이자 태도이다.

장로교 선교사의 입장에서 볼 때, '마노 포'라는 행위는 때로는 "중보자 혼동"이나 "성직자 중심적 권위 남용"으로 변질될 위험이 있다. 아이들이 단순히 목회자나 어른의 손을 통해서만 하나님의 은혜를 받아야 한다고 오해할 수 있기 때문이다. 그러나 본래의 의미를 존중한다면, '마노 포'는 단순히 사람을 높이는 행위가 아니라 어른을 향한 존경과 축복을 바라는 순수한 문화적 표현이다. 그렇기에 굳이 배척하기보다는 복음적으로 재해석하여 긍정적으로 수용할 수 있다. 오히려 이러한 문화 속에서 존중과 겸손이라는 복음적 가치를 발견하고, 그것을 하나님의 은혜로 연결시켜 줄 수 있는 기회가 된다.

가족 중심 언어
- 관계 전도의 실제

필리핀 사람들의 삶의 중심에는 언제나 가족이 있다. 가족은 단순히 함께 사는 공동체가 아니라, 개인의 정체성과 선택을 규정하는 가장 중요한 울타리다. "나는 누구인가?"라는 질문조차 개인이 아니라 "나는 누구의 아들, 누구의 딸, 누구의 친척인가?"라는 방식으로 대답되는 것이 필리핀 문화의 특징이다.

이러한 가족 중심성은 언어 속에도 그대로 드러난다. 필리핀 사람들은 나이와 친밀도에 따라 서로를 kuya(형), ate(누나), tito(삼촌), tita(이모, 고모) 등 가족 호칭으로 부른다. 혈연이 아니어도 자연스럽게 가족 호칭을 사용하며, 이를 통해 관계의 깊이와 따뜻함을 표현한다. 선교 현장에서 목회자나 선교사가 종종 "pastor"라는 직함보다 "kuya" 혹은 "tito"라는 호칭으로 불리는 것도 바로 이런 이유 때문이다.

그러나 이러한 따뜻한 언어 문화가 있음에도 불구하고, 생활 속에서는 모순적인 모습도 발견된다. 실제로 교회에 출석하는 많은 부부들은 남편이 아내를 부르든, 아내가 남편을 부르든 큰 소리로 "어이!"라고 외치는 장면을 종종 본다. 아내나 남편은 마치 그 부름이 당연하다는 듯 무심하게 반응했지만, 그 언어 속에는 존중이나 애정의 기운을 찾아보기 어려웠다. 또한 동생이나 아랫사람을 부를 때는 "치!" 하고 소리를 내는 경우도 있는데, 이는 가축이나 동물을 부를 때 사용하는 방식과 매우 흡사하다.

이러한 언어 습관은 단순한 생활 속 편의에서 비롯되었을 수도 있지만, 그 뿌리를 더 깊이 살펴보면 역사적 흔적을 떠올리게 된다. 특히 스페인 식민지 시절, 지배자들이 원주민을 동등한 인간으로 대하지 않고 종이나 가축처럼 부르며 하대했던 방식이 언어 속에 스며들었을 가능성을 부정할 수 없다. 세대를 거듭하며 이와 같은 표현이 일상적 습관으로 굳어지면서, 존중과 위계를 중시하는 문화 한편에 모순적으로 하대와 멸시의 언어가 공존하게 된 것이다.

더 나아가 사회적 배경도 이러한 언어 사용에 영향을 준다. 필리핀의 많은 가정은 너무 이른 나이에 의도치 않게 임신을 하여 결혼하게 되는 경우가 많다. 준비되지 않은 결혼은 부부 관계를 '사랑의 언약'이 아니라 '그냥 함께 사는 관계'로 축소시키기 쉽다. 아내는 남편이 깊이 존중하고 사랑해야 할 존재가 아니라, 단순히 생활의 동반자로만 여겨지며, 그래서 이름 대신 "어이"라는 무심한 부름이 자리 잡게 된다. 사랑의 언어가 사라진 곳에 남는 것은 단순한 호명일 뿐이다.

그런데 이러한 '그냥 받아들이는 태도'는 부부 관계에서만 나타나는 것이 아니다. 자녀와의 관계에서도 동일하게 드러난다. 실제로 필리핀 사회 안에서는 아들이 게이가 되거나 딸이 레즈비언이 되어도 부모가 크게 문제 삼지 않고 그대로 받아들이는 경우를 자주 볼 수 있다. 부모들은 "우리 아이니까"라는 이유로 그 모습을 수용하지만, 그 수용 안에는 성경적 가치와 분별이 빠져 있는 경우가 많다.

내가 솔라나에 교회를 개척했던 초기에도 이런 경험이 있었다. 어느 날, 한 아이가 나에게 다가와 이렇게 말했다.
"목사님! 난 게이가 될 거예요."
그 순간 나는 당황했고 어떻게 반응해야 할지 몰라 놀랐다. 그래서 그 아이를 만날 때마다 "아, 참 멋지다!", "정말 잘생겼구나!" 하며 칭찬을 해 주었다. 하지만 그 아이는 결국 대학생이 되면서 실제로 게이가 되었고, 지금은 교회를 떠난 지 오래다. 나는 지금도 대학생이 된 그 아이와 마주친다. 그럴 때마다 마음속에 이런 질문이 떠오른다.

"만약 그 부모가 함께 신앙 안에서 자녀를 바르게 지도하고, 나와 더불어 진리로 이끌기 위해 노력했다면, 그 아이의 삶은 달라질 수 있지 않았을까?"

이 경험은 단순히 한 아이의 문제가 아니라, 오늘날 필리핀 가정에 만연한 '무조건적인 수용'의 그림자를 보여준다. '사랑'이라는 이름으로 자녀를 그대로 받아들이되, 말씀으로 교훈하고 바르게 세워 주는 역할을 놓칠 때, 결국 가정은 복음의 빛을 잃어버리고 만다.

부부 사이에서 사랑과 존중의 언어가 사라지고 단순히 '같이 사는 관계'로 전락하는 것처럼, 자녀와의 관계에서도 진리 위에 세워진 교훈과 훈련보다는 '있는 그대로의 모습'을 무비판적으로 용납하는 태도가 자리 잡고 있는 것이다.

그러나 성경은 가정 안에서의 언어와 관계가 달라야 함을 분명히 가르친다. 하나님은 남편과 아내가 서로 존중하고 사랑하도록 창조하셨으며(엡 5:25, 벧전 3:7), 부모는 자녀를 주님의 교훈과 훈계로 양육해야 한다(엡 6:4). 또한 "죽고 사는 것이 혀의 힘에 달렸다"(잠 18:21)고 말씀하신다. 언어는 단순한 소리가 아니라, 상대방의 정체성을 규정하고 관계의 성격을 드러낸다. 따라서 아내를 "어이"라고 부르거나 자녀의 잘못된 정체성을 그냥 "그럴 수도 있다"라고 수용하는 것은 관계를 왜곡시키는 언어와 태도라 할 수 있다.

선교 현장에서 우리는 단순히 문화적 습관을 관찰하는 것을 넘어, 언어와 태도 속에 담긴 인간의 죄성과 왜곡된 관계를 직시해야 한다. 그리고 그리스도 안에서 회복의 길을 제시해야 한다. 존중과 사랑이 담긴 언어가 가정과 교회 안에서 실제 삶으로 드러날 때, 그리고 부모가 자녀를 무조건 수용하는 것이 아니라 진리로 인도하며 사랑으로 양육할 때, 복음은 단지 말이 아니라 관계 속에서 살아 움직이는 진리가 된다.

기도 언어와 신앙 표현
– 토착 문화와 복음의 만남

가족과의 관계 속에서 드러나는 언어와 태도는 단순히 가정 안에 머무르지 않는다. 그것은 신앙생활 전반, 특히 기도와 예배의 언어에도 깊은 영향을 미친다. 필리핀 사람들에게 신앙은 단순한 교리적 지식이 아니라, 일상에서 드러나는 언어와 문화적 표현을 통해 구체적으로 살아 움직인다. 따라서 우선 기도 언어와 신앙 표현이 어떻게 토착 문화와 복음을 만나고, 또 그 과정에서 어떤 신학적 해석과 적용이 필요한지를 살펴볼 필요가 있다.

Maraming Salamat po, Panginoon(하나님. 감사합니다)

필리핀에서 살면 감사의 언어를 매우 자주 들을 수 있다. 기도 속에서도 무엇을 간구하기 전에 먼저 "감사합니다"라는 고백이 흘

러나온다. 심지어 어려움 속에서도 "Salamat po"라는 말을 반복하
는데, 여기에는 운명처럼 받아들이는 태도와 긍정적으로 수용하려
는 마음이 뒤섞여 있다. 그러나 감사의 말이 삶으로 연결되지 않을
때, "언제 감사했는가?"라는 의문이 들 만큼 말과 행동이 따로 노
는 모습을 발견하기도 한다.

성경이 가르치는 감사는 단순히 상황을 받아들이는 말이 아니
라, 하나님의 주권과 선하심을 신뢰하는 믿음의 고백이다. 바울은
"범사에 감사하라 이것이 그리스도 예수 안에서 너희를 향하신 하
나님의 뜻이니라"(살전 5:18)고 권면했다. 여기서 감사는 숙명적인
체념이 아니라, 모든 상황 속에서 역사하시는 하나님의 뜻을 인정
하는 적극적 신앙의 태도다.

따라서 필리핀 사람들이 쉽게 고백하는 "Maraming salamat
po, Panginoon"이 단순한 습관적 말에 그치지 않고, 삶의 자리에
서 하나님의 은혜를 실제로 누리며 드러내는 고백이 될 때, 그 감
사는 복음적 의미를 가지게 된다.

  말과 마음: 필리핀 문화와 선교의 길

Bahala na ng Diyos (하나님께 맡깁니다)

필리핀 사람들의 일상 언어에서 자주 들을 수 있는 표현이 "Bahala na"이다. 영어로는 "It's up to you"로 번역되지만, 실제 뉘앙스는 "운명에 맡긴다" 혹은 "어쩔 수 없으니 흘러가는 대로 두자"라는 의미에 가깝다. 이러한 표현이 기도 안으로 들어오면 "Bahala na ng Diyos" 즉 "하나님께 맡깁니다"라는 형태로 사용된다. 언뜻 보기에는 신앙적인 고백처럼 들리지만, 실제로는 책임 회피적 태도나 운명론적 수용이 섞여 있는 경우가 많다.

그러나 성경적 의미에서의 "맡김"은 단순한 체념이나 무책임한 방관이 아니다. 베드로는 "너희 염려를 다 주께 맡기라 이는 그가 너희를 돌보심이라"(벧전 5:7)고 말한다. 여기서 '맡긴다'는 것은 문제를 외면하거나 "될 대로 되라'는 식으로 포기하는 것이 아니라, 하나님의 돌보심을 신뢰하며 믿음으로 내어 놓는 적극적인 행위이다.

따라서 필리핀 사람들이 기도 속에서 "Bahala na ng Diyos"라고 고백할 때, 그것이 단순히 운명론적 체념이 아니라 믿음의 신뢰와 순종으로 연결될 때, 이 말은 진정한 복음적 기도의 언어가 될 수 있다. "주님, 이제 제 뜻을 내려놓습니다. 주님의 뜻이 이루어지기를 원합니다"라는 고백으로 승화될 때, 'Bahala na"는 문화적 한계를 넘어 성경적 의미를 가진 고백으로 변화되는 것이다.

Hingi ng tulong(도움 구하기)

필리핀은 지리적으로 태풍, 지진, 화산 폭발과 같은 자연재해가 끊임없이 찾아오는 나라다. 해마다 대형 태풍이 여러 차례 루손과 비사야, 민다나오 전역을 강타한다. 이 글을 쓰는 지금도 태풍 Paulo가 루손 섬 북부를 지나고 있으며, 불과 며칠 전인 2025년 9월 30일에는 세부 섬에서 규모 6.9의 강진이 발생하여 72명의 사망자가 발생했다. 이렇듯 재난은 일상처럼 반복되고, 필리핀 사람들은 늘 위기의 순간마다 "Hingi ng tulong", 즉 "도움을 구한다"라는 언어를 삶 속에서 사용한다.

실제로 필리핀은 국제적으로도 재해가 발생할 때마다 다른 나라로부터 원조를 받고 살아가는 나라다. 이러한 역사적·사회적 경험 속에서 "도움을 구한다"는 것은 필리핀 사람들의 삶의 한 방식인 동시에 기도의 언어로도 자리 잡게 되었다. 기도 속에서 그들은 "Panginoon, tulungan Mo po kami"(주님, 우리를 도와주옵소서)라고 자주 외친다.

 말과 마음: 필리핀 문화와 선교의 길

그러나 문제는 이 '도움 구하기'가 때로는 일시적이고 상황 의존적인 기도에 머물 수 있다는 것이다. 위기의 순간에는 간절히 부르짖지만, 재난이 지나가면 다시 하나님을 잊고 일상으로 돌아가 버리는 경우가 많다. 마치 국제 원조를 받고 나면 관계가 단절되듯, 하나님께 도움을 요청한 후에도 감사와 순종의 삶으로 이어지지 못하는 것이다.

성경은 하나님께 도움을 구하는 기도가 단순한 위기 탈출 수단이 아니라, 언약 관계 안에서 드려지는 신앙의 고백임을 보여준다. 시편 기자는 "환난 날에 나를 부르라 내가 너를 건지리니 네가 나를 영화롭게 하리로다"(시 50:15)라고 노래한다. 즉 도움을 구하는 기도는 단순한 요청이 아니라, 하나님의 구원을 경험한 후 그분을 영화롭게 하는 삶으로 이어져야 한다.

필리핀 사람들의 기도 속 "Hingi ng tulong"은 그들의 삶의 현실에서 비롯된 자연스러운 언어다. 그러나 복음 안에서 이 언어는 단순한 요청을 넘어 하나님의 주권을 인정하고, 구원의 은혜를 기억하며, 그분께 영광을 돌리는 삶으로 이어지는 언약적 기도가 되어야 한다.

Blessing

앞에서 살펴본 존칭과 위계 문화처럼, 필리핀 사람들처럼 '복(blessing)'을 좋아하는 나라도 드물다. 예배를 마치면 성도들은 서로에게 "Goodbye" 대신 "God bless you"라고 인사하는 경우가 많다. 심지어 페이스북, 메신저 같은 온라인 대화에서도 대화를 마무리할 때 "God bless"라는 표현이 자연스럽게 등장한다. 그만큼 축복은 일상의 언어이자 관계를 맺는 방식으로 자리 잡아 있다.

이러한 'Blessing' 중심 문화는 가족 중심적인 사고와도 깊이 연결되어 있다. 부모는 자녀를 위해 늘 축복을 빌고, 어른은 아랫사람에게, 심지어 아이들조차도 목회자나 선교사의 손을 잡고 이마에 대며 축복을 받기를 원한다. 필리핀 사회에서 축복은 단순한 말이 아니라 존재를 인정받고, 사랑을 확인하는 언어인 셈이다.

그러나 이 축복의 언어 속에는 때로는 번영 중심의 신앙이 스며들어 있기도 하다. 많은 사람들이 "God bless you"를 말하면서도 그 축복을 물질적 풍요, 건강, 성공과 연결시키는 경우가 많다. 성경적 의미에서의 축복, 곧 하나님과의 관계 안에서 누리는 평강과 구원보다는, 현세적 유익이 중심에 놓이는 것이다.

성경은 복에 대해 분명히 가르친다. 예수님께서 산상수훈에서 말씀하신 팔복(마 5:3-12)은 물질적 풍요와는 거리가 멀다. 오히려 가난한 자, 애통하는 자, 의를 위하여 박해받는 자가 복이 있다고 말씀하신다. 즉 성경적 축복은 단순히 "잘되길 바라는 말"이 아니라, 하나님의 뜻 가운데 거하며 그분과 동행하는 삶 전체를 가리킨다.

필리핀 사람들의 언어 속에 깊이 배어 있는 "Blessing"의 문화는 선교 현장에서 귀한 자원이 될 수 있다. 우리가 그들의 축복 언어를 존중하면서도, 그 의미를 성경적으로 새롭게 해석해 줄 때, "God bless you"라는 말은 더 이상 관습적인 인사말에 머물지 않고, 복음의 진리를 담은 실제적 선포가 될 수 있다.

결국 축복은 관계의 언어인 동시에 복음의 언어다. 선교사와 목회자는 그들의 축복을 진리 안에서 재해석하며, 단순히 "잘 되라"는 인사에서 "하나님 안에서 참된 생명을 누리라"는 복음적 선포로 이어지도록 도와야 한다.

Po와 Opo

Po와 Opo는 필리핀 언어에서 존경과 공손을 표현하는 대표적인 어법이다. 어린아이가 부모에게, 혹은 젊은이가 나이 많은 이에게 대답할 때 반드시 사용하는 표현으로, 상대방을 높이는 태도를 담고 있다. 이 존칭은 단순한 습관이 아니라, 필리핀 사회의 위계 구조와 관계 문화를 반영한다.

이러한 Po와 Opo는 기도 언어 속에도 그대로 스며든다. 많은 성도들이 하나님께 기도할 때, "Panginoon, salamat po(주님, 감사합니다)", "Tulungan N'yo po kami(주님, 저희를 도와주세요)"라고 말한다. 이는 단순한 언어 표현을 넘어, 하나님을 '인격적인 대상'으로 존중하며 대한다는 점에서 의미가 깊다.

신학적으로 볼 때, Po와 Opo는 하나님 앞에 서는 인간의 태도를 상기시킨다. 우리는 하나님을 단순히 "힘 있는 존재"로 부르는 것이 아니라, 아버지이자 주님으로 경외하며 존중하는 태도로 나아가야 한다. 이 존경 어법은 필리핀 사람들에게 자연스럽게 훈련된 문화적 자산이며, 복음 안에서 더욱 풍성하게 회복될 수 있다.

그러나 한편으로는 주의할 점도 있다. 존칭이 입술의 습관에 그

 말과 마음: 필리핀 문화와 선교의 길

칠 경우, 하나님을 진정으로 경외하지 않는 형식적 신앙으로 흐를 위험이 있다. 실제로 많은 필리핀 신자들이 기도할 때 Po를 붙이지만, 기도 생활 자체가 깊은 경건이나 순종으로 연결되지 못하는 경우도 있다. 다시 말해, 존칭은 있지만 인격적 관계가 부재한 것이다.

따라서 선교 현장에서 우리는 Po와 Opo의 문화적 의미를 존중하면서도, 그것이 단순한 말의 습관을 넘어서 하나님을 경외하는 참된 마음으로 이어지도록 가르칠 필요가 있다. 존중의 언어가 단순한 예의가 아니라, 하나님을 향한 진실한 경외의 고백이 될 때, 필리핀 교회의 기도는 더 깊은 영적 생명력을 얻게 될 것이다.

반복과 합창 기도

필리핀 예배에서 흔히 들을 수 있는 장면이 있다. 내가 강대상에서 "God is good!" 하고 외치면, 성도들은 기다렸다는 듯 "All the time!"이라고 응답한다. 내가 다시 "All the time!" 하면, 이번에는 "God is good!"으로 답한다. 마치 자동 반사처럼 흘러나오는 이 교환은 필리핀 예배의 생동감 있는 특징 중 하나이다.

필리핀 사람들은 집단적으로 함께하는 것을 좋아하고, 타고난 음악적 리듬감이 있다. 그래서 "Hallelujah, Praise the Lord!", "Yes, Lord, Amen!" 같은 구절을 여러 사람이 함께 반복하며 합창하는 장면이 자연스럽다. 이 과정에서 성도들은 하나의 공동체로 묶이는 경험을 하고, 개인의 신앙 고백이 집단적 확신으로 강화되기도 한다.

그러나 이러한 반복과 합창 기도에는 한계와 위험성도 있다. 반복이 신앙의 깊은 고백으로 이어지지 못하고, 단순한 습관이나 집단적 분위기에 휩쓸린 외침으로 끝날 수 있기 때문이다. 실제로 필리핀의 많은 개신교 교단, 특히 오순절 교단 예배에서 이러한 형태가 두드러지는데, 때로는 너무 과도하게 반복되어 주술적 주문처럼 들리기도 한다.

신학적으로 반복 기도 자체는 잘못된 것이 아니다. 예수님도 겟세마네에서 같은 기도를 세 번 반복하셨고(마 26:44), 시편에도 반복적인 간구와 찬양이 자주 등장한다. 문제는 '왜 반복하는가?'이다. 하나님을 향한 간절한 마음의 표현으로 반복이 사용된다면 은혜의 통로가 되지만, 내용 없는 단순한 외침이나 열광의 도구로만 사용된다면 신앙의 본질을 흐릴 수 있다.

따라서 선교 현장에서 우리는 반복과 합창 기도의 장점(공동체성, 리듬감, 고백 강화)을 인정하면서도, 동시에 그것이 말씀과 진리 안에서 중심을 잡고 사용되도록 가르쳐야 한다. 단순히 "소리를 내는 기도"가 아니라, 마음과 뜻과 정성을 다해 하나님께 드리는 고백이 될 때, 반복은 주문이 아니라 찬양이 되고, 합창은 단순한 집단적 흥분이 아니라 성령의 역사로 변화될 수 있다.

"결국 필리핀의 기도 언어는 역사와 문화 속에서 자연스럽게 형성된 신앙의 표현이지만, 복음 안에서 새롭게 해석될 때 비로소 참된 의미를 얻는다. 그러므로 선교사는 이 언어들을 단순한 문화 현상으로만 보지 않고, 복음적 언어로 변화시키는 통로로 삼아야 할 것이다."

이야기(구전), 노래, 드라마를 통한 복음 전파 사례

"필리핀 사람들의 삶은 언제나 이야기와 음악, 그리고 공동체가 함께 나누는 공연으로 가득하다. 집 앞 대나무 의자에 앉아 하루 일과를 나누는 담소, 장터에서 들려오는 노래, 학교와 교회에서 펼쳐지는 작은 연극은 단순한 오락이 아니라 문화를 이어가는 중요한 통로이다. 이러한 구전과 예술적 표현은 복음을 전하는 데 있어서도 강력한 도구가 된다."

이야기의 힘 - 성경 이야기를 나누다

나는 매일 아침 7시에 출근해 사무실에 앉아 하루 일정을 살핀다. 그때면 건너편 교사 사무실에서 들려오는 떠드는 목소리가 귀에 들어온다. 마치 장터에서 상인들이 물건을 팔기 위해 외치는 소

말과 마음: 필리핀 문화와 선교의 길

리처럼 활기차고 끊임없다. 필리핀 사람들은 이처럼 이야기 나누는 것을 좋아한다. 그래서 내 책상에 앉아 있으면 동네 소식을 굳이 묻지 않아도 알 수 있고, 반대로 내게 좋지 않은 일이 있으면 이웃들도 금세 다 알게 된다. 이들에게 비밀이란 거의 존재하지 않는 듯하다.

바로 이런 특징 때문에 성경을 딱딱하게 읽어 주는 것보다 이야기하듯 들려줄 때 훨씬 더 큰 반응이 나타난다. 그들은 자연스럽게 귀를 기울이고, 이야기를 함께 나누는 가운데 복음의 메시지가 더 깊이 마음에 새겨진다.

만약 이들에게 성경을 전하고 싶다면, 책상 앞에서만 머무르지 말고 용기를 내어 마을로 나가는 행동이 필요하다. 길가나 집 앞 대나무 의자에 앉아 담소를 나누듯 성경 이야기를 들려줄 때, 그들은 기꺼이 시간을 내어 귀를 열어 줄 것이다.

다만 그 전에 반드시 준비해야 할 것이 있다. 그것은 바로 언어이다. 어른들을 만난다면 종종 "글자가 잘 안 보인다"며 성경 읽기를 피하려 할 것이다. 실제로는 글자를 모르거나, 읽는 데 자신이 없기 때문일 수 있다. 어린 학생들은 글을 읽을 줄 알지만 서툴 수 있고, 대학생들은 비교적 소통에 지장이 없지만 여전히 친근한 접

근이 필요하다. 그래서 간단한 간식이나 사탕 같은 작은 선물을
준비하면 대화의 벽을 쉽게 허물 수 있다.

성경 이야기를 전하는 것은 단순히 내용을 전달하는 것이 아니
라, 듣는 이들의 삶의 자리와 눈높이에 맞추어 다가가는 일이다.
그럴 때 비로소 이야기는 단순한 말이 아니라, 마음을 열고 복음
을 받아들이게 하는 다리가 된다.

노래를 통한 복음

필리핀에 살다 보면 누구나 한 번쯤 겪는 일이 있다. 바로 옆집에
서 노래방 기계를 렌트해 밤새도록 노래를 부르는 바람에 잠을 설
치는 경험이다. 그만큼 필리핀 사람들은 노래를 좋아한다. 대부분
악보를 읽을 줄 몰라도, 타고난 리듬감과 흥으로 노래를 즐긴다.
나는 이 문화를 복음 전도의 접촉점으로 삼으려 한다.

문제는 내가 음악적인 달란트가 없다는 점이다. 기타나 드럼 같
은 악기도 연주하지 못하고, 박치에다가 내 아내는 내 목소리에서
쇳소리가 난다고 농담처럼 말하곤 한다. 그래서 과거 3년 동안 나

무 밑에서 교회를 섬길 때는 노래를 부를 때마다 긴장하며 식은땀을 흘려야 했다.

그러나 지금은 상황이 달라졌다. 하나님께서 학교를 열어 주셨기 때문이다. 우리 학교에서는 음악 교육을 적극적으로 도입했다. 학생들은 스스로 배우고 싶은 악기를 선택할 수 있고, 기타·드럼·키보드 등 다양한 악기를 접할 수 있다. 아이들은 흥미를 가지고 배우며, 그 결과 매주 수요일 학교 채플에서 찬양을 인도한다. 아이들의 인도에 따라 학생들과 교사들은 함께 큰 소리로 하나님을 찬양한다. 더 나아가 이 찬양단은 교회에 출석하여 찬양대로 하나님을 예배하는 섬김의 자리로 나가가기도 한다.

필리핀의 학기는 보통 6월 초에 시작된다. 나는 이 기간을 선교적으로 활용하고자 한다. 학교 학생뿐 아니라 지역 사회 청소년들에게도 문을 열어, 악기를 배우고자 하는 아이들을 방학 프로그램이나 특별 클래스에 초청한다. 물론 음악 수업은 전문 교사가 감당한다. 그러나 중요한 것은 이 과정을 통해 아이들과 교회가 자연스럽게 연결된다는 점이다. 아이들은 악기를 배우는 즐거움 속에서 교회를 출석하게 되고, 매주 토요일 찬양 연습을 통해 꾸준히 복음을 접하게 된다.

이처럼 노래와 음악 교육은 단순한 취미 활동을 넘어, 아이들을 복음으로 인도하는 강력한 선교의 통로가 된다. 노래는 필리핀 문화의 언어이고, 그 언어 속에서 복음은 자연스럽고 즐겁게 흘러간다.

만약 바랑가이 캡틴과 친분이 있다면, 동네마다 있는 농구장에서 찬양 콘서트를 여는 것도 가능하다. 악기 연주와 찬양이 시작되면 금세 사람들이 몰려들 것이고, 낯선 이들도 함께 노래를 따라 부르게 된다. 이렇듯 필리핀에서 노래는 단순한 오락이 아니라, 공동체와 정체성을 확인하는 방식이자 복음을 나누는 열린 통로이다.

이제 10월이다. 이는 곧 성탄절이 다가온다는 뜻이다. 필리핀에서는 9월이면 이미 백화점마다 성탄 장식이 걸리고, 곳곳에서 캐롤이 흘러나온다. 한 번은 교회 청년들이 기타를 빌려 달라고 요청했다. 이유는 캐롤송을 부르며 집집마다 다니겠다는 것이었다. 한국에서는 이를 "성탄절 새벽송"이라고 하지만, 필리핀에서는 이맘때가 되면 청년들이 길거리에서 깡통을 두드리며 캐롤을 부르는 모습을 흔히 볼 수 있다.

처음에 나는 마음이 불편했다. '저들이 정말 예수님을 알고 부르는 걸까? 혹시 캐롤을 빙자해 단순히 구걸하는 것은 아닐까?' 하

 말과 마음: 필리핀 문화와 선교의 길

는 의문이 들었기 때문이다. 그래서 요청을 선뜻 반기지는 못했지만, 결국 기타를 빌려주었다. 나는 그들과 동행하지는 않았지만, 돌아온 청년들의 얼굴은 밝고 기뻤다. 그리고 그렇게 도아진 돈은 교회에 헌금되었고, 그 헌금으로 성도들에게 성탄절 조은 선물을 나눌 수 있었다.

그때 나는 깨달았다. 믿음을 전하는 과정에서 오히려 내 믿음이 더 자라듯, 찬양을 드리는 과정 속에서도 하나님께서 내 마음에 더 큰 기쁨을 채워 주신다는 사실을. 찬양은 단순히 노래가 아니라, 하나님과 교회를 연결하는 드리이며 선교의 가장 아름다운 도구가 된다.

드라마와 영화를 통한 복음 전도

내가 필리핀에 파송되기 전 여러 차례 방문했을 때, 현지인들이 가장 먼저 묻는 질문 중 하나는 한국 드라마였다.

"대장금 보았느냐?", "별에서 온 그대는 아느냐?" 같은 질문이 이어졌지만, 나는 영어 제목을 잘 몰라 대화를 길게 이어가지 못한 적이 많았다. 그 경험을 통해, 필리핀에서 드라마는 단순한 오락이 아니라 사람과 사람을 이어 주는 대화의 언어라는 사실을 깨달았다.

실제로 필리핀 사람들은 드라마를 온 가족이 함께 보고, 다음 날 그 이야기를 일상 대화 속에서 다시 나눈다. 어떤 경우에는 드라마 속 인물의 이름이 아이들의 별명이 되기도 한다. 드라마는 단순한 스크린 속 이야기가 아니라, 공동체의 감정을 모으고 삶을 해석하는 방식이다.

교회나 학교에서도 성탄절 같은 특별한 행사를 할 때 성극을 시도하곤 한다. 그러나 내가 사역하는 지역은 사람들이 다소 소극적이라 참여를 이끌어 내는 데 어려움이 있었다. 그래서 나는 성극 대신 좋은 기독교 영화를 상영하는 방법을 선택했다. 교회의 대형 스크린에, 비록 돌비 사운드는 아니었지만 충분히 좋은 음향 장비를 준비하자, 성도들은 한 장면 한 장면에 몰입하기 시작했다. 때로는 웃음이 터지고, 때로는 눈가가 젖는 모습을 보면서, 나는 '이들에게 영화가 곧 복음을 받아들이는 새로운 창이 될 수 있구나' 하는 확신을 얻게 되었다.

내가 추천하고 싶은 영화는 산드라 블록이 출연한 2009년 작품 〈The Blind Side〉(블라인드 사이드)이다. 이 영화는 가난하고 상처

입은 한 소년을 믿음으로 받아들인 기독고 가정의 이야기를 다룬다. 단순한 감동을 넘어, '그리스도의 사랑으로 이웃을 품는 삶'이 무엇인지를 잘 보여준다. 필리핀 사람들은 눈으로 보고 느끼는 것을 좋아하기 때문에, 이런 영화를 함께 브며 복음을 나누는 것은 매우 효과적인 접근이 될 수 있다.

그러나 또 하나 내가 주목한 영화가 있다. 바로 픽사의 애니메이션 〈Coco〉(코코)이다. 이 영화는 멕시코를 배경으로 하지만, 사실 스페인 식민지 경험을 가진 나라들 대부분에게 공통적으로 나타나는 조상 숭배 문화와 가족 중심 문화를 다루고 있다. 필리핀도 예외가 아니다. 그래서 현지인들이 이 영화를 볼 때 깊이 공감한다. 나는 이 영화가 단순히 눈물 나는 가족 드라마로 끝나지 않고, '죽음 이후의 삶'과 '영원'이라는 주제를 복음과 연결할 수 있는 좋은 대화의 출발점이라고 생각한다. 무엇보다 〈Coco〉 속 주인공이 노래로 이야기를 풀어 나가듯, 노래와 음악이 복음을 전하는 통로가 될 수 있음을 다시금 확인하게 된다.

이 영화를 보고 내가 던진 한마디는 이것이다.
"스페인 식민지 아래 있던 국가들이 공통적으로 비슷한 문화를 형성하고 있는데, 그들 모두가 경제적으로 부유한가?"
대답은 "아니오"였다. 오히려 멕시코, 필리핀, 페루, 베네수엘라

등 대부분의 나라들이 여전히 사회적 불평등과 빈곤의 문제를 안
고 있다. 이는 문화적 전통이나 외형적 종교가 사람을 구원하거나
사회를 변화시키는 궁극적 힘이 될 수 없음을 보여준다.

따라서 복음을 전할 때 단순히 문화적 공감이나 감정적 감동에
머무르지 말고, 그들의 역사와 현실을 직시하면서 예수 그리스도
안에서만 참된 소망과 구원이 있음을 제시하는 것이 필요하다. 드
라마와 영화는 그 대화를 열어 는 창이며, 복음을 심을 수 있는 탁
월한 선교적 도구가 된다.

4부

선교적 도전과 전략

앞에서 우리는 필리핀 사회와 문화, 그리고 언어의 특
성을 살펴보았다. 그러나 선교는 단순한 이해나 지식에 머물지 않
는다. 복음은 언제나 구체적인 현실 속어서 선포되어야 하며, 그
과정에서 우리는 수많은 도전과 마주한다.

사도 바울은 "내가 여러 사람에게 여러 모습이 된 것은 아무쪼
록 몇 사람이라도 구원하고자 함이라"(고전 9:22)라고 고백했다. 이
는 단순한 유연성이 아니라, 복음의 본질을 변하지 않게 붙들면서
도 상황에 맞게 복음을 전하는 성육신적 접근이었다. 예수 그리스
도께서 자신을 비워 종의 형체로 오신 것(빌 2:7) 역시, 하나님께서
특정한 문화와 언어 속에 임하신 선교적 본보기라 할 수 있다.

오늘날 필리핀 선교 역시 동일한 부르심을 받는다. 도시와 빈민
가, 여성과 청년, 다언어 공동체, 그리고 해외로 흩어진 디아스포

라까지 — 그 각각의 자리에는 서로 다른 언어와 문화적 맥락이 존재한다. 또한 SNS와 디지털 언어가 지배하는 새로운 세대는, 과거와는 전혀 다른 방식으로 복음을 접하고 있다. 이런 상황에서 선교는 단순히 '전달'이 아니라, 하나님 나라의 복음을 상황 속에 성육신시키는 신학적 행위가 되어야 한다.

따라서 4부에서는 필리핀 사회 속 선교적 도전들을 신학적으로 성찰하며, 동시에 구체적인 전략을 모색하려 한다. 이는 단순한 방법론이 아니라, 복음을 맡은 청지기로서 "때를 얻든지 못 얻든지"(딤후 4:2) 말씀을 전해야 하는 사명자의 자세에서 비롯된다.

언어와 계층
- 도시 빈민과 중산층을 향한 다른 접근

선교 현장에서 가장 먼저 부딪히는 벽 중 하나는 '언어'이다. 그러나 언어는 단순히 단어의 선택을 넘어, 그 사람의 사회적 위치와 삶의 방식을 반영한다. 필리핀의 경우, 도시 빈민과 중산층은 같은 타갈로그어를 사용하더라도 말하는 방식, 사용하는 어휘, 대화의 분위기가 다르다. 선교사가 이를 구분하지 못하면 의도하지 않게 거리를 만들거나, 복음의 메시지가 전달되기 전에 오해를 살 수 있다. 예수께서 다양한 계층의 사람들과 각각 다른 방식으로 대화하셨던 것처럼, 오늘날의 선교도 계층별 언어 문화에 따른 성육신적 접근을 필요로 한다.

도시 빈민과 언어 문화

마닐라는 언어가 혼잡한 도시다. 필리핀은 7,000여 개의 섬으로 이루어진 다민족 국가이며, 지역마다 서로 다른 언어를 사용한다. 고향에서는 생계 수단이 부족해 일자리를 찾기 어려운 이들이, 더 나은 기회를 찾아 마닐라로 몰려든다. 그러나 이들이 도시에서 마주하는 현실은 대부분 빈민촌의 삶이다.

이주민들은 각자 고향의 언어(비콜어, 세부아노어, 일로카노어 등)를 사용하지만, 도시에서 살아가려면 타갈로그어와 영어를 익혀야 한다. 그 결과 마닐라는 언어가 얽히고 섞인 거대한 모자이크가 되었다. 중산층 이상은 학교 교육을 통해 영어와 타갈로그어를 비교적 자유롭게 사용하지만, 도시 빈민층은 공식 언어에 서툴고, 여전히 자기 지역 언어에 의존한다.

이러한 차이는 단순히 소통의 문제가 아니라, 복음을 받아들이는 방식에도 영향을 미친다. 중산층은 글과 논리를 중심으로 된 설교나 성경 공부에 익숙하지만, 빈민층은 눈으로 보고 귀로 들으며, 이야기와 노래, 그리고 공동체적 체험을 통해 신앙에 마음을 연다.

 말과 마음: 필리핀 문화와 선교의 길

내가 본 어떤 선교사님은 대주 이런 지역을 찾아가 한 끼 식사를 제공하고, 찬양과 율동을 통해 아이들과 가족들을 만나며 복음을 전하고 있었다. 이는 매우 귀한 시도라고 생각한다. 그러나 동시에, 선교의 열매가 지속적으로 맺히려면 그들이 실제로 어떤 언어를 사용하고 있는지를 먼저 파악하는 과정이 필요하다. 만약 언어적 소통이 뒷받침되지 않는다면, 복음의 메시지가 깊이 전달되지 못하고 단순한 '점심 나눔 행사'로 끝나 버릴 위험도 있기 때문이다.

따라서 같은 도시 안에서도 계층과 언어에 따라 다른 선교 전략이 필요하다. 도시 빈민에게는 시각적이고 체험적인 복음 제시가 효과적이고, 중산층에는 성경적 토론이나 문서 사역이 더 큰 열매를 맺을 수 있다

중산층과 언어 문화

도시 빈민이 다양한 지역 언어를 사용하며 생존을 위해 모여드는 집단이라면, 중산층은 교육과 사회적 지위를 통해 비교적 안정된 삶을 유지하는 계층이다. 이들은 영어와 타갈로그어를 자유롭게 구사할 수 있으며, 언어를 단순한 소통 수단이 아니라 자신의 정체성과 교양을 드러내는 도구로 사용한다. 특히 이들은 대체적

으로 어린 자녀에게 영어부터 가르치며, 타갈로그어는 그 다음 순
서로 습득하게 한다.

특히 바기오에서 살 때 바기오 인구의 약 80%가 영어를 잘 구사
하며, 조금 산다는 가정에서는 오히려 타갈로그어나 일로카노어를
전혀 사용하지 않는다. 한 번은 내가 당시 바기오 시장인 도모간
(Mauricio G. Domogan)[5]과 친분이 있어 같이 식사를 할 때, 그는
항상 영어로 대화했다. 그것은 그가 타갈로그어를 몰라서가 아니
라, 상황과 청중에 따라 언어를 선택하는 태도였다. 실제로 시민들
앞에서 연설할 때는 자신들의 언어로 말하곤 했다.

필리핀 중산층 가정은 자녀 교육에 많은 관심을 기울이며, 학교
와 교회에서의 언어 사용에도 민감하다. 설교나 성경 공부에서 논
리적 설명과 지적 대화가 강조될 때, 이들은 오히려 더 큰 관심을
갖는다. 따라서 중산층을 향한 선교 전략은 단순한 나눔이나 체
험 중심의 접근보다, 성경적 토론과 문서 사역, 합리적 설득이 더
효과적일 수 있다.

---

5) 마우리시오 G. 도모간은 바기오 시장을 두 차례에 걸쳐 총 18년간 역임했습니다. 그는
   바기오 역사상 최장기 시장입니다. 도모간의 시장 재임 기간은 다음과 같습니다.
   1차 재임: 1992 ~ 2001년, 2차 재임: 2010 ~ 2019년

그러나 동시에 중산층은 비교적 안정된 생활과 교육적 특권으로 인해 복음에 대한 갈급함이 약하고, 종교를 형식적·사회적 장치로만 여기는 경우가 많다. 주일예배 참석이 사회적 체면을 위한 행위로 전락하거나, 신앙이 삶의 중심이 아니라 부수적 요소로 밀려나기도 한다. 따라서 중산층 선교에는 지적 설득과 더불어, '복음이 단순한 교양이 아니라 삶 전체를 변화시키는 능력'임을 드러내는 증언과 삶의 본이 반드시 함께해야 한다.

선교적 전략의 차별화

마닐라와 같은 대도시는 수많은 이주민들이 모여드는 곳이다. 그중 도시 빈민층과 중산층은 언어 사용, 생활 방식, 신앙 수용 태도에서 뚜렷한 차이를 보인다. 따라서 동일한 복음을 전하더라도 접근 방법은 달라야 한다.

먼저 도시 빈민층은 대부분 고향에서 올라온 이주민들이다. 그들은 비콜어, 세부아노어, 일로카노어 등 자기 지역의 언어를 여전히 사용하며, 타갈로그어나 영어는 서툰 경우가 많다. 문해율은 높지만 문서 이해력은 부족하기 때문에, 글이나 논리를 중심으로 복음을 제시하면 쉽게 지루해한다. 대신 이야기를 듣고, 노래를 부르고, 함께 음식을 나누는 공동체적 경험 속에서 마음을 연다. 그래서 도시 빈민을 향한 선교는 찬양과 율동, 드라마와 영화, 그리고 한 끼 식사 나눔과 같은 체험적이고 시각·청각적인 복음 제시가 효과적이다. 그러나 이들에게 단순히 물질적 도움만 제공한다면, 신앙의 뿌리를 내리기보다 오히려 의존만 심화될 수 있기에 주의가 필요하다.

반면 중산층은 교육을 통해 영어와 타갈로그어를 자유롭게 구사하며, 언어를 단순한 소통의 수단이 아니라 자신의 교양과 사회적 지위를 드러내는 도구로 사용한다. 많은 가정들이 자녀 교육에 열정을 쏟으며, 어린 시절부터 영어를 먼저 가르친다. 이들은 논리적 사고와 토론에 익숙하기 때문에, 감성적 체험만으로는 복음에 쉽게 반응하지 않는다. 오히려 성경 강해 설교, 성경적 토론 모임, 문서 사역이나 기독교 독서 그룹 등 지적이고 합리적인 설득 방식이 큰 열매를 맺을 수 있다.

이 두 집단의 차이를 볼 때, 바울이 말한 원리가 자연스럽게 떠오른다. "유대인에게는 유대인과 같이 되고, 율법 없는 자에게는 율법 없는 자와 같이 된 것은 아무쪼록 몇 사람이라도 구원하고자 함이라" (고전 9:20-22). 즉 복음은 동일하지만 그것을 전하는 방식

 말과 마음: 필리핀 문화와 선교의 길

은 사람들의 언어, 삶, 문화에 따라 달라져야 한다는 것이다. 도시 빈민에게는 공동체적 이야기와 체험을 통해, 중산층에게는 지성과 합리를 통해 다가갈 때, 같은 복음이 더 깊이 그들의 삶에 뿌리내리게 된다.

언어와 계층은 복음 전파의 걸림돌이 아니라, 오히려 복음이 그들의 삶 속에 더 깊이 뿌리내릴 수 있는 통로가 된다. 선교사가 도시 빈민과 중산층을 구분하는 것은 차별이 아니라, 복음을 '그들의 언어'로 들려주기 위한 사랑의 실천이다. 결국 선교는 단순히 말을 전하는 것이 아니라, 그들의 언어와 삶의 자리에 복음이 성육신하도록 돕는 일이다.

여성과 청년의 언어 문화 이해
- 세대별 사역 방법

언어와 계층이 복음 수용에 영향을 미친다면, 세대와 성별 역시 마찬가지다. 같은 도시, 같은 교회 안에서도 여성과 청년은 언어를 사용하는 방식과 문화적 감수성이 다르며, 그 차이는 곧 복음에 반응하는 태도의 차이로 나타난다. 특히 필리핀 사회는 가족 중심적 구조 속에서 여성과 청년이 중요한 역할을 담당하기 때문에, 그들의 언어 문화를 이해하는 것은 선교 사역에서 필수적이다.

여성 문화의 이해

필리핀 사회에서 여성은 가정과 교회, 지역 사회의 중심축 역할을 맡고 있다. 특히 가정 경제를 책임지는 경우가 많고, 자녀 교육과 신앙 전수에서도 큰 영향력을 행사한다. 따라서 여성들의 언어 문화는 단순히 개인적 차원이 아니라, 공동체 전체의 신앙과 삶을 이끄는 통로가 된다.

실제로 교회 현장을 보아도 여성 성도의 비율이 상대적으로 높다. 다행히 필리핀 사회는 아직 이혼율이 낮은 편이지만, 여성들은 어린 나이에 엄마가 되는 경우가 많다. 10대에 원치 않는 임신을 경험하거나, 20대 초반에 결혼과 출산을 시작하는 경우가 흔하다. 이러한 사회적·가정적 현실은 여성으로 하여금 더욱 빨리 성숙하게 하고, 동시에 신앙과 교육에 대한 책임감을 짊어지게 한다.

특히 자녀 간 출산 간격에서도 흥미로운 특징을 발견할 수 있다. 필리핀 농촌 지역에서는 첫째와 둘째 사이의 나이 차이가 보통 5~6년 이상 나는 경우가 많다. 이는 단순한 우연이 아니라, 첫째 출산 후 어머니가 대학을 마치거나 직장을 구해 어느 정도 경제적·사회적 안정이 된 이후에 둘째를 낳는 경우가 많기 때문이다. 이런 과정 속에서 여성은 단순히 자녀 양육자가 아니라, 가정의 생계와 교육, 신앙의 균형을 책임지는 실질적 리더가 된다.

이렇다 보니 두세 아이를 둔 엄마의 나이가 대체로 20대 후반에서 30대 초반에 이른다. 그러나 이 시기의 여성들은 자신을 위한 여가나 취미 생활을 누릴 기회가 거의 없었다. 가정 형편 때문에 여행이나 자기 계발을 경험하지 못한 경우가 많았고, 이는 종종 '삶을 잃어버렸다'는 아쉬움으로 이어진다.

이러한 결핍은 디지털 문화 속에서 보상처럼 드러나기도 한다. 페이스북이나 SNS를 통해 자신을 표현하고, 인기 가수, 특히 한국 K-pop 아이돌의 춤과 노래를 따라 하며 영상을 올리는 경우가 많다. 이는 단순한 오락이 아니라, 자신이 소속감을 느끼고 삶의 활력을 찾는 방식이다. 많은 필리핀 여성들이 30대가 넘어서야 비로소 '나 자신'을 찾고자 하는 모습을 보이는 것도 같은 맥락이라 할 수 있다.

선교적으로 본다면, 이러한 문화적 표현 욕구는 단순히 세속적 유행이 아니라 복음을 전할 수 있는 통로가 될 수 있다. 여성들이 자신의 삶을 새롭게 발견하고자 하는 이 시점은, 그리스도 안에서 참된 정체성과 자유를 제시할 수 있는 중요한 기회이기 때문이다.

따라서 선교 현장에서는 여성들을 단순히 '돌봄의 대상'으로만 보지 말고, 복음의 동역자로 세우는 전략이 필요하다. 가정 예배와 어머니 기도회를 통해 여성들이 말씀으로 자녀와 남편을 섬기도록 격려할 수 있으며, 이는 곧 가정을 넘어 지역 교회의 영적 토대를 강화하는 힘이 된다. 또한 여성들이 즐겨 사용하는 SNS와 디지털

 말과 마음: 필리핀 문화와 선교의 길

문화는 그 자체로 복음의 접촉점이 될 수 있다. 노래, 춤, 영상 제작과 같은 자기 표현 방식을 존중하고, 여기에 복음적 메시지를 담아낸다면 자연스럽게 다음 세대에게까지 신앙이 흘러갈 수 있다.

무엇보다 중요한 것은, 여성들이 하나님 안에서 자신의 삶을 재발견하도록 돕는 것이다. 세상 속에서 잃어버린 자아를 찾으려는 그 마음을, 그리스도 안에서 참된 자아와 소명으로 연결해 준다면, 필리핀 여성들은 단순한 수용자가 아니라 복음을 확산시키는 강력한 선교적 통로가 될 것이다.

청년 문화의 이해

여성과 더불어 필리핀 사회에서 또 하나 주목해야 할 집단은 청년이다. 필리핀 인구의 절반 가까이가 25세 이하일 정도로, 청년은 단순히 사회의 한 세대가 아니라 나라 전체의 미래를 좌우하는 주역이다. 이들은 가정과 교회, 학교와 직장에서 중요한 전환기에 서 있으며, 언어와 문화의 소비 방식에서도 독특한 특징을 보여준다.

특히 청년들은 영어, 타갈로그어, 그리고 지역 언어를 자유롭게 섞어 사용하는 '코드 스위칭(code-switching)'에 능하다. 대화 중간에 영어와 타갈로그어를 자연스럽게 오가며, SNS에서는 줄임말과 새로운 표현을 끊임없이 만들어 낸다. 이는 단순히 언어 습관이 아니라, 자신들의 세대 정체성과 차별성을 드러내는 방식이기도 하다.

또한 디지털과 SNS 문화는 청년들의 삶에서 중심적인 역할을 한다. 페이스북, 틱톡, 유튜브 등은 단순한 오락의 수단이 아니라, 세상과 연결되고 정체성을 확인하는 장이 된다. 이 속에서 청년들은 새로운 가치를 탐색하며, 동시에 영적 갈증을 드러내기도 한다.

이러한 청년들의 특성을 고려할 때, 교회와 선교는 단순히 기존 문화를 따라가는 차원을 넘어, 기독교 세계관에 입각한 새로운 문화를 창조해 주는 사역이 절실하다. 그들의 언어와 정체성 속에 복음을 담아낼 때, 청년 세대는 단순한 수용자가 아니라 새로운 문화의 주도자로서 복음의 통로가 될 수 있다.

다문화 다언어 공동체 속 교회 개척

필리핀은 언어와 문화의 다양성이 공존하는 나라이다. 7,000여 개의 섬, 170여 개의 언어, 그리고 스페인, 미국, 중국 등 여러 문화의 흔적이 뒤섞인 사회 속에서 '하나의 교회'를 세운다는 것은 결코 단순한 일이 아니다. 교회 개척은 단순히 건물을 세우거나 예배를 시작하는 것이 아니라, 서로 다른 언어와 문화가 '그리스도 안에서 하나'가 되는 과정을 만들어 가는 일이다.

특히 도시 지역의 교회 개척은 다문화적 긴장과 언어적 장벽 속에서 진행된다. 같은 필리핀 사람이라 해도 사용하는 언어가 다르고, 신앙 표현의 방식도 다르다. 어떤 이는 영어 설교어 익숙하지만, 또 다른 이는 자기 지역 언어로 기도할 때만 마음이 열린다. 따라서 다문화, 다언어 환경 속에서 교회를 세운다는 것은 단순히 예배 언어를 정하는 문제가 아니라, '공동체의 정체성'을 세우는 신학적 과제이기도 하다.

이 지점에서 나는 하나의 제안을 하고 싶다. 앞으로의 필리핀 선교는 단순히 '필리핀 전체'를 향한 일반적 접근이 아니라, 언어 공동체별로 세분화된 전략이 필요하다. 다시 말해, '필리핀 선교사'가 아니라 '일로카노 선교사', '세부아노 선교사', '칸칸나이 선교사'와 같이 지역 언어와 문화에 뿌리를 둔 선교사 양성이 필요하다. 언어는 단순한 의사소통의 도구가 아니라, 세계관과 신앙의 틀을 형성하는 기초이기 때문이다.

나는 사역 중에 이 문제를 깊이 체험했다. 한 공동체 안에 타갈로그어, 일로카노어, 세부아노어를 사용하는 사람들이 함께 모일 때, 예배와 교제는 종종 '언어의 벽'에 가로막히곤 했다. 예배를 인도할 때면, 성도들이 내게 묻곤 했다.

"목사님, 우리 언어는 못하시나요?"

그들의 질문 속에는 단순한 호기심이 아니라, '나도 하나님 앞에서 이해 받고 싶은 마음', 즉 언어로 표현되는 존중과 소속감에 대한 갈망이 담겨 있었다.

그러나 동시에 나는 그 다양성 속에서 교회의 참된 아름다움을 보게 되었다. 서로 다른 언어로 기도하고, 찬양의 가사가 달라도, 예배의 중심이 예수 그리스도일 때 놀라운 일치가 일어났다. 언어는 다르지만, 그들의 마음은 하나였고, 그 순간 교회는 마치 요한

 말과 마음: 필리핀 문화와 선교의 길

계시록의 장면처럼 '모든 민족과 방언이 함께 찬양하는 공동체'로
드러났다.

결국 다문화·다언어 공동체 속 교회 개척은 '언어의 통일'을 이루
는 것이 아니라 '복음의 중심성'을 세우는 일이다. 모든 언어가 하
나의 언어로 녹아드는 것이 아니라, 각 언어가 자기의 고유한 방식
으로 하나님을 찬양하도록 돕는 것, 그것이 바로 진정한 선교적
교회 개척이라 할 수 있다.

다언어 교회 개척의 실제 전략과 사례

다언어 공동체 속에서 교회를 세운다는 것은 단순한 언어 통역
의 문제가 아니다. 그것은 곧 '복음이 다양한 문화 속에서 어떻게
몸을 입을 것인가?'라는 성육신적 사역(incarnational mission)의 문
제이다. 따라서 교회 개척자는 언어적 다양성을 제약으로 보지 말
고, 오히려 복음이 각 문화 속에서 새롭게 표현되는 은혜의 통로로
이해해야 한다.

① 예배 언어의 조화와 통역 사역

예배 언어는 공동체의 정체성을 가장 분명하게 드러낸다. 한 언어로만 예배를 드리면 일부 성도들은 소외감을 느끼게 되고, 반대로 모든 언어를 동시에 사용하면 혼란스러워진다. 그래서 나는 '이중 언어 예배(Bilingual Worship)' 방식을 제안한다.

예를 들어, 찬양은 타갈로그어로, 설교는 영어로, 기도는 각자의 언어로 드리게 하는 것이다. 중요한 것은 '모두가 참여할 수 있는 구조'를 만드는 것이다. 이때 통역 사역자는 단순한 번역자가 아니라, '언어 사이의 다리'를 놓는 선교적 중개자로서 훈련되어야 한다.

② 언어별 소그룹 사역

교회 내 소그룹(셀 그룹)을 언어권별로 구성하는 것도 매우 효과적이다. 각 언어 그룹 안에서 말씀을 깊이 나누고, 공동체적 유대감을 형성할 수 있기 때문이다. 그러나 이들이 교회 전체 안에서 고립되지 않도록, 정기적인 연합 예배와 교제의 장을 마련해야 한다. 이렇게 하면 언어의 다양성 속에서도 복음의 일치를 경험할 수 있다.

     말과 마음: 필리핀 문화와 선교의 길

③ 현지 리더십의 발굴과 양육

다언어 교회의 가장 큰 도전은 목회자가 모든 언어를 다루기 어렵다는 점이다. 따라서 각 언어권 내에서 현지 리더(Local Leader)를 세워야 한다. 이들은 단순한 조력자가 아니라, 해당 언어권 공동체의 목소리를 대표하는 사역적 동역자로 자리해야 한다. 바울이 디도와 디모데를 각 지역의 문화권 속에서 세운 것처럼, 현지 리더십 양육은 다언어 교회가 자립으로 나아가는 관건이다.

④ 언어를 통한 문화 사역

교회는 단순히 예배 공동체를 넘어 문화적 접촉점을 만들어야 한다. 각 언어권의 노래, 음식, 전통의 날 등을 통해 '서로 다름을 기념하는 축제의 장'을 마련하면, 언어의 벽이 관계의 다리로 바뀐다. 나는 과거 교회에서 'Language Sunday'라는 행사를 열어, 각 언어로 찬양하고 기도한 적이 있다. 그날 이후 성도들은 "우리 교회는 한 가족"이라는 인식을 더 강하게 갖게 되었다.

⑤ 신학적 중심 유지

다양한 언어와 문화가 공존할수록 교회의 신학적 중심은 더욱 분명해야 한다. 예배 언어나 문화적 표현은 다를지라도, 복음의 본질 — 곧 예수 그리스도의 구속 사건 — 은 결코 변하지 않는다. 교회의 일치는 언어의 통일에서 오는 것이 아니라, 복음의 중심성 위에 세워질 때 비로소 가능하다.

정리하자면, 다문화·다언어 교회 개척은 '모두가 같은 언어를 사용하는 교회'를 세우는 일이 아니다.

오히려 서로 다른 언어와 문화가 하나의 복음 아래서 조화를 이루는 교회를 세우는 일이다.

이것은 언어의 통일을 향한 시도가 아니라, 복음의 중심성을 세우는 신앙적 여정이다.

요한계시록 7장 9절은 그 비전을 이렇게 보여 준다.

"각 나라와 족속과 백성과 방언 가운데서 아무도 능히 셀 수 없는 큰 무리가 어린 양 앞에 서서 흰 옷을 입고 종려 가지를 들고…"

그날의 찬양은 결코 하나의 언어로만 울려 퍼지지 않을 것이다.

각 언어가 저마다의 음색으로 하나님을 찬양할 때, 비로소 교회는 천국의 예배를 이 땅에서 미리 맛보는 공동체가 된다.

따라서 다문화, 다언어 교회 개척의 목표는 '하나의 언어로 통합된 교회'가 아니라, 모든 언어가 함께 하나님을 영화롭게 하는 교회를 세우는 것이다.

그 과정에서 선교사는 단순한 설교자나 조직자가 아니라, 하나님 나라의 예배를 이 땅에 구현하는 복음의 조율자(gospel harmonizer), 곧 하늘 예배를 미리 준비하는 하나님의 예배 디자이너(worship designer)로 부름받은 사람이다.

이것이 다언어 공동체 속에서 교회를 세우는 진정한 선교적 의미이며, 언어의 다양성을 넘어 복음의 일치를 이루어 가는, 하나님 나라의 장엄한 조화에 동참하는 길이다.

디아스포라 필리피노
- 해외 이주민 선교와 언어 활용

필리핀 선교를 이야기할 때, 이제 그 지리적 경계를 '필리핀 안'으로만 한정할 수는 없다.

오늘날 약 1,000만 명 이상의 필리피노들이 전 세계 170여 개국에 흩어져 살아가고 있다. 이들은 단순한 해외 노동자(OFW, Overseas Filipino Worker)가 아니라, 언어와 문화를 지닌 복음의 가능성 그 자체이다.

디아스포라 필리피노들은 가사 도우미, 간호사, 선원, 건설 노동자, 기술자, IT 전문가 등 다양한 직업군으로 세계 곳곳에서 활동하고 있다. 그들의 삶의 자리에는 언제나 '언어'가 있다. 모국어(타갈로그어·세부아노어 등)로 가족과 소통하고, 영어로 일하며, 현지 언어로 생존하는 이중, 삼중 언어의 현실 속에서 그들은 이미 '자연스러운 다언어 선교사'로 살아가고 있는 셈이다.

말과 마음: 필리핀 문화와 선교의 길

그러나 역설적으로, 이 거대한 디아스포라 공동체는 복음의 통로이면서 동시에 돌봄의 사각지대에 놓여 있다. 많은 필리피노들이 외로움과 차별, 언어 장벽 속에서 정체성의 혼란과 신앙의 위기를 동시에 경험한다.

따라서 오늘날 선교의 새로운 지평은 '필리핀으로 가는 선교'에서 '필리피노를 통한 세계 선교'로 기동해야 한다.

나 역시 사역 중에 이 사실을 여러 번 체험했다. 딸이 처음 시애틀에 정착하고, 지금은 남편이 군 복무 중이라 미국 애리조나에 거주하게 되면서 종종 미국을 방문할 기회가 있었다.

처음에는 '이제 타갈로그어를 듣지 않아도 되겠구나'라고 생각했지만, 그것은 착각이었다.

공항에 내리자마자 필리핀 사람들을 마주쳤고, 백화점이나 아울렛 매장 어디서든 필리핀 점원들을 쉽게 만날 수 있었다.

그들의 얼굴을 보면 단번에 알아볼 수 있었고, 내가 타갈로그어로 한 마디 인사라도 건네면 그들은 놀라면서도 반가운 미소로 답했다.

시애틀에서 한인 교회를 방문했을 때도 놀라운 경험이 있었다.

같은 건물 안에서 필리핀 커뮤니티 교회가 다른 시간대에 예배를 드리고 있었던 것이다. 그 교회의 담임 목사는 나를 만나 반가

위하며, 기회가 된다면 내가 사역하는 다이나믹 크리스천 교회를 방문해 보고 싶다고 말했다.

그 순간 나는, 필리핀 사람들이 세계 곳곳에서 하나님의 나라를 세워 가고 있음을 다시금 실감했다.

또 한 번은 마카오 여행 중, 호텔 프런트에서 체크인을 하다가 직원이 필리핀 사람처럼 보여 "필리핀 어디 출신이냐?"라고 물은 적이 있다.

그는 '팡가시난(Pangasinan)[6] 출신이라 했고, 나는 자연스럽게 타갈로그어로 대화를 이어갔다. 그는 깜짝 놀라며 반가워했고, 덕분에 나는 '전망 좋은 방'을 배정받았다.

그때 깨달았다.

필리핀 사람들은 이제 어디에나 있었다.

그들은 각 나라의 구석구석에서 일하며, 언어와 미소로 복음의 향기를 전하고 있었다.

이제 필리핀 선교는 더 이상 국경 안의 이야기만이 아니다. 그것은 세계 곳곳에 흩어진 디아스포라 공동체 안에서의 언어 사역으로 확장되어야 한다. 그들은 더 이상 선교의 '대상'이 아니라, 선교

---

6) Pangasinan주는 바기오에서 2시간 거리이며 언어는 '팡갈라투'(Pangalatô)'이다

 말과 마음: 필리핀 문화와 선교의 길

의 주체, 곧 '선교사로 부름받은 민족(Missionary Nation)'으로 서 가고 있다.

이것이 바로 내가 학교 사역을 통해 품고 있는 비전 중 하나이기도 하다.

필리핀의 많은 서민들은 여전히 빈곤의 굴레 속에 갇혀 있으며, 그 가난은 대물림되고 있다. 그로부터 벗어나는 길은 외국인과의 결혼이나 해외 취업으로 나가는 것뿐이라 여기는 경우가 많다.

그러나 나는 믿는다. 복음적 교육과 기독교적 세계관의 회복이야말로 그들이 세상을 새롭게 바라보고, 그 어디에 있든 그리스도의 향기를 드러내며 살아가는 길이라는 것을.

그래서 우리 학교는 단순한 지식 교육의 장이 아니라, 세계를 향한 하나님의 마음을 배우는 선교적 훈련의 자리이다.

아이들이 장차 어떤 직업을 가지든, 어떤 나라에 살든, 그들의 삶을 통해 복음이 흘러가기를 꿈꾼다.

그것이 곧 '삶으로 전도하는 디아스포라 선교'의 시작이라 믿는다.

SNS, 디지털 언어와 새로운 선교 전략

필리핀 디아스포라가 세계 곳곳에서 언어와 삶으로 복음을 전하고 있다면, 이제 또 다른 '디아스포라의 장(場)'은 온라인 공간이다.

SNS와 디지털 미디어는 국경을 넘어 사람을 연결시키고, 그 안에서 새로운 형태의 복음 전파가 이루어지고 있다. 오늘의 선교는 오프라인에서만이 아니라, 디지털 언어 속에서도 계속되고 있다.

디지털 언어 시대의 도래

오늘날 선교의 현장은 더 이상 오프라인 공간에만 머물지 않는다.

스마트폰 한 대, 인터넷 연결 하나면 누구나 세계와 소통할 수 있는 시대가 되었다. 특히 필리핀은 'SNS 사용 세계 1위 국가'로 손꼽히며, 페이스북·틱톡·유튜브 등에서 가장 활발한 온라인 활동을 보이는 나라 중 하나이다.

이것은 단순한 사회적 현상이 아니라, 복음 전파의 새로운 통로가 열리고 있음을 보여주는 징후이다.

SNS 상의 언어는 기존의 문법적 언어가 아니다. 짧은 문장, 이모티콘, 줄임말, 해시태그, 밈(meme) 등으로 구성된 '디지털 언어(Digital Language)'는 감정과 공감을 빠르게 전달하는 힘을 가지고 있다.

이와 같은 새로운 언어 문화 속에서 복음의 메시지를 짧고, 진실하게, 공감 가능하게 표현하는 것이 선교의 중요한 전략이 되었다.

온라인 공간의 '가상 공동체'와 신앙의 확장

SNS는 단순한 소통의 도구를 넘어, 가상 공동체(Virtual Community)를 형성하는 플랫폼이 되었다. 특히 코로나19 팬데믹을 거치며 많은 교회와 선교 단체들이 온라인 예배와 디지털 소그룹을 경험했다. 이는 '물리적 거리'가 선교의 장벽이 될 수 없음을 보여준다.

필리핀의 젊은 세대들은 이미 이 공간 안에서 살아가고 있다. 그들에게 '예배'는 유튜브 영상으로, '간증'은 인스타그램 스토리로,

'전도'는 짧은 릴스(Short-form Video)로 표현되기도 한다.

따라서 선교사는 이제 '디지털 언어를 해독하고 사용할 수 있는 사람', 즉 온라인 문화에 문해력(digital literacy)을 가진 복음의 번역자가 되어야 한다.

SNS를 통한 선교의 실제 사례

팬데믹 시대는 디지털 선교 시대를 앞당겼다. 예배당의 문이 닫히고, 모임이 멈춘 그 시기에 복음은 오히려 더 빠르게, 더 멀리 퍼져 나갔다. 교회들은 온라인 예배를 시작했고, 선교사들은 SNS와 영상 메시지를 통해 성도들과 계속 연결되었다.

물론 온라인 예배가 "모이기에 힘쓰라"는 말씀(히 10:25)에 위배된다는 우려도 있다. 그러나 동시에 이는 몸이 불편한 성도나 건강이 좋지 않은 이들에게도 하나님의 말씀을 들으며 믿음을 지킬 수 있는 길을 열어 주었다.

팬데믹은 교회의 본질을 다시 묻게 했고, '모임'의 형태보다 '복음의 본질'이 더 중요함을 일깨워 주었다.

이제 선교의 무대는 더 이상 지역이나 국경 안에 머물지 않는다. 스마트폰 화면 안에서 사람들은 만나고, 대화하고, 웃고 울며 신앙을 나눈다. 디지털 공간은 단순한 소통의 장을 넘어, 복음이 전해지고 공동체가 형성되는 새로운 '선교지'가 되었다.

SNS는 새로운 시대의 '언어'다

디지털 사회 속에서 사람들은 기존의 문법으로 말하지 않는다. 짧은 문장, 해시태그, 이모티콘, 밈(meme)과 짤방, 댓글의 리듬이 하나의 문화이자 소통의 코드가 되었다.

이제 복음도 이 언어로 번역되어야 한다. 즉 디지털 언어를 이해하는 것이 곧 선교의 문법을 새롭게 배우는 일이다.

그렇기에 오늘날의 선교는 '성경을 해석하는 능력'만큼이나 '세상의 언어를 해석하는 능력'을 요구한다. 우리가 SNS 속 짧은 영상과 문장 속에서도 하나님의 이야기를 전할 수 있다면, 그것이 바로 디지털 시대의 복음 전도이다.

새로운 전략: 디지털 제자도(Digital Discipleship)

이제 선교는 '가서 전하는 것'만이 아니라, '연결되어 살아내는 것'으로 확장되고 있다.

SNS 안에서의 선교는 단순한 콘텐츠 제작에 머물러서는 안 된다. 그것은 관계 기반의 제자훈련으로 이어져야 하며, 이미 몇몇 신학교에서는 온라인 신학 과정을 개설해 굳이 캠퍼스를 방문하지 않아도 자신이 사는 지역에서 신학을 배우고 사역을 준비할 수 있게 되었다.

결국 변화는 한 번의 게시물보다, 꾸준한 대화와 관계 속에서 복음의 진정성이 드러날 때 일어난다. 이를 위해 필요한 것은 기술보다 '언어 감수성'이다.

디지털 세대의 언어, 이모티콘, 표현 방식을 존중하면서 그 안에 복음의 메시지를 자연스럽게 녹여내야 한다.

결국 선교는 언제나 '언어의 문제'이며, 디지털 시대 역시 다르지 않다. 단지 그 언어가 문자에서 영상으로, 대면에서 연결로 바뀌었을 뿐이다.

말과 마음: 필리핀 문화와 선교의 길

맺음말

　디지털 세대는 눈앞의 스크린 속에서 세상을 보고 느낀다. 그 속에 복음이 담기지 않는다면, 그들의 세계 속에 하나님은 존재하지 않게 된다. 그러므로 디지털 언어를 복음의 언어로 번역하는 일 — 이것이 오늘의 선교사에게 주어진 새로운 과제이다.

　이제는 성도들뿐 아니라, 신앙 밖의 사람들과도 시간과 장소의 제약 없이 꾸준히 대화하고 토론하며 상담할 수 있는 시대가 되었다. 온라인 공간이 단절이 아닌 연결의 장이 되었기 때문이다.

　따라서 SNS는 단순한 기술이 아니라, 하나님께서 우리 시대에 주신 또 하나의 '언어'이다. 이 언어를 통해 복음은 다시 세상 속으로, 그리고 사람들의 마음속으로 스며들어 간다.

선교사의 자기 관리
- 영성, 언어, 문화의 지속 가능성

2008년, 나는 아내와 딸과 함께 필리핀으로 파송을 받았다. 그때 제일 먼저 부딪힌 현실적인 문제는 '거주 비자 발급'이었다.

필리핀의 경우, 한인 선교사 연합회나 관련 단체의 추천과 보증이 필요했다. 서류를 준비하고, 단체장과 임원들의 인터뷰를 거쳐야 했다. 그 자리에서 회장이 내게 물었다.
"필리핀에 얼마나 계실 계획입니까?"
나는 한 치의 망설임도 없이 대답했다.
"여기서 죽을 겁니다."

그때 회장은 놀란 듯한 표정을 지었다. 그는 그렇게 말한 사람이 처음이라고 했다. 대부분의 선교사들이 필리핀을 '최종 사역지'가 아닌 '경유지'로 생각하고 있었기 때문이다. 즉 영어를 배우고 언어 훈련을 마친 후, 제3국으로 나아가기 위한 '발판'으로 여기는 경우

말과 마음: 필리핀 문화와 선교의 길

가 많았다.

그러나 나는 확신했다. 필리핀은 결코 쉬운 선교지가 아니며, 오히려 선교적 관점에서 전략적으로 매우 중요한 땅이다.

이곳에서의 사역은 언어와 문화, 행정, 영성의 모든 면에서 선교사의 지속 가능한 자기 관리가 반드시 요구된다.

선교사의 자기 관리는 이렇게 시작된다

행정 절차 관리 - 비자, 거주, 제도의 이해

선교사의 첫 걸음은 '비자'에서 시작된다. 나 역시 필리핀에 도착하자마자 비자 문제로 가장 먼저 현실의 벽에 부딪혔다.

한인 선교사 협회의 인터뷰를 통해 비자를 신청했지만, 그 과정에서 마음의 상처를 받았다. 그 경험은 오히려 나로 하여금 '이 문제를 스스로 해결해야겠다'는 결심을 하게 만들었다.

그 후 나는 2년마다 반복되는 비자 갱신의 번거로움을 줄이고자 자체적으로 종교 법인 설립을 추진했다.

그 결과 '다이나믹 크리스천 세계선교협회(Dynamic Christian

World Mission Association)'를 세웠고, 이를 필리핀 복음주의 협의회 (Philippine Council of Evangelical Churches, PCEC)에 정식 등록하여 공신력 있는 기관으로 자리 잡게 되었다.

2010년부터 우리 단체는 선교사 비자 발급 권한을 얻게 되었고, 현재 약 30여 명의 선교사들이 이 협회를 통해 합법적인 비자를 받고 사역하고 있다. 처음에는 내 비자 문제를 해결하기 위해 시작했지만, 점차 다른 선교사들의 행정적 어려움을 돕는 사역으로 확장되었다.

비자 문제로 도움을 요청한 선교사들의 사연은 다양했다.

어떤 이는 필리핀 영주권을 얻기 위해 약 1,000만 원의 거액을 지불했지만, 결국 비자도 받지 못하고 돈도 돌려받지 못했다.

또 다른 선교사는 동료 선교사의 말을 믿고 비용을 맡겼다가 2년을 기다린 끝에 돈과 시간을 모두 잃었다.

그 후 내게 의뢰해 정식 절차를 밟아 비자를 받았지만, 그 과정에서 깊은 실망과 불신이 남아 있었다.

내가 사는 지역에서 마닐라까지는 차로 12시간이 걸린다.

초창기 10여 년 동안, 나는 다른 선교사들의 비자 문제를 해결하기 위해 수없이 마닐라를 오갔다. 그 여정은 결코 쉽지 않았지만,

팬데믹이 시작되기 전까지 계속되었다.

그 과정에서 기억에 남는 한 선교사가 있다.
그는 다른 단체의 비자 비용이 비싸다며 우리 협회를 통해 비자를 받고 싶다고 의사를 밝혔다. 하지만 이후 아무런 서류 절차를 진행하지 않은 채 시간이 흘렀고, 팬데믹의 3년이 지나서야 다시 그를 만났다.

"비자 연장은 잘하고 계시죠?"라고 물었을 때, 그의 대답은 충격적이었다.
"아뇨, 지난 3년 동안 비자를 연장하지 않았습니다."

그는 이미 불법 체류자 신분이 되어 있었다. 당장 추방되어도 이상하지 않은 상황이었다. 결국 나는 그의 비자 문제를 해결해 주었지만, 막대한 벌금이 부과되었다. 만약 그가 처음부터 정식 절차를 따랐다면, 그 비용은 훨씬 의미 있는 사역에 사용될 수 있었을 것이다.

마닐라 이민국의 행정 절차는 매우 복잡하다. 지금 돌이켜보면 '어떻게 그 많은 일을 감당했을까?' 싶을 정도다. 하지만 그 과정에서 나는 몇몇 이민국 직원들과 좋은 관계를 맺을 수 있었다. 그 이유는 내가 타갈로그어를 구사할 수 있었기 때문이다.

비자 발급 절차는 여러 창구를 거치며 2층으로 올라갔다가 다시 내려오는 과정을 수없이 반복해야 한다. 나는 매번 창구 직원들에게 현지어로 "다음 순서가 어디인가요?"라고 묻곤 했다.
그렇게 대화하다 보니 자연스럽게 친분이 생겼고, 때로는 내 서류를 우선적으로 처리해 주기도 했다.

필리핀의 행정 시스템은 아직 완전히 전산화되어 있지 않다. 그래서 모든 절차는 직접 발로 뛰며 해결해야 한다.
물론 더 쉬운 방법도 있다. 대행업체에 맡기면 간단히 처리되지만, 그만큼 비용이 매우 높다.
나는 피곤하더라도 직접 이 과정을 감당하는 것이 선교사로서 책임 있고 지속 가능한 방식이라고 믿는다.

생활 관리 – 재정, 안전

선교사는 믿음으로 살아가지만, 동시에 현실 속에서 지혜롭게 살아야 한다. 선교의 현장은 단지 영적인 사역의 공간만이 아니라,

매일의 삶이 이루어지는 '현실의 자리'이기도 하다. 특히 필리핀과 같은 개발도상국에서는 재정 관리와 안전 의식이 곧 사역의 지속 가능성과 직결된다.

필리핀 사람들이 외국인을 바라보는 시각을 이해하는 것은 매우 중요하다. 상류층 사람들은 외국인을 하나의 방문객이나 동등한 파트너로 대하지만, 대부분의 서민층은 외국인을 '경제적 여유가 있는 사람', 즉 '돈이 있는 사람'으로 인식한다.

선교사들이 주로 만나는 대상이 바로 이 서민층이기 때문에, 그들의 시선 속에서 선교사는 종종 '도움을 줄 사람', 혹은 '물질적 지원자'로 비쳐질 때가 많다.

이런 상황 속에서 언어의 중요성은 더욱 커진다. 한국 속담에 '눈 뜨고 코 베인다'는 말이 있다. 만약 선교사가 영어만 할 줄 알고 현지어를 이해하지 못한다면, 자신 앞에서 현지인들이 어떤 이야기를 나누는지조차 알 수 없는 경우가 생긴다.

언어는 단순한 의사소통의 도구가 아니라, 자신을 보호하고 현지 문화를 이해하는 가장 기본적인 안전 장치다.

한국에서 자주 받는 질문 중 하나가 "필리핀은 물가가 싸지 않나요?"라는 것이다. 하지만 현실은 다르다. 기름값을 예로 들어 보

자. 세계 원유 가격에는 공시시가가 존재하기 때문에 필리핀에서 특별히 저렴할 이유가 없다. 더구나 내가 사는 솔라나에서 마닐라까지는 약 590km, 차로 12시간이 걸린다.

기름값이 조금 싸다 해도, 긴 이동 거리와 시간은 결국 큰 차이를 만들지 않는다. 한국이라면 같은 거리를 5~6시간 만에 주행할 수 있을 것이다.

사역 초기, 나는 성도들에게 내 일정이나 전화번호를 공개하지 않았다. 비밀이 있어서가 아니라, 나 자신을 보호하기 위해서였다.

필리핀 사람들은 이야기 나누는 것을 좋아하기 때문에 내 일정을 알게 되면 언제, 어디서, 어떤 상황에서 나를 기다릴지 알 수 없었다.

지금은 도로 사정이 많이 좋아졌지만, 예전에는 교회까지 오는 길이 험했다. 큰길에서 비포장도로로 5km를 들어와야 했고, 한쪽에는 옥수수가, 다른 한쪽에는 사탕수수가 무성했다. 만약 그곳을 누군가 막고 습격했다면, 나는 지금 이 자리에 없었을지도 모른다.

한번은 아침에 휴대폰으로 협박 문자를 받은 적이 있다.

'돈을 주지 않으면 죽이겠다'는 내용이었다. 아마 2019년 무렵이었을 것이다. 나는 즉시 경찰서에 가서 신고했지만, 그게 전부였다.

당시에는 심카드를 구입할 때 신분 등록이 필요 없었기 때문에 보낸 사람이 누구인지 알 방법이 없었다.

결국 내 안전은 스스로 지켜야 했다. 하나님의 은혜로 지금까지 무사히 사역하고 있지만, 만약 스스로 경계심을 늦추었다면 큰 피해를 입었을지도 모른다.

이런 경험들은 나에게 '지혜로운 경계'의 필요성을 가르쳐 주었다.

선교사는 언제나 돕는 일과 의존을 조장하지 않는 일의 균형을 지켜야 한다. 무조건적인 물질 지원은 단기적으로는 고마움을 얻을 수 있지만, 장기적으로는 선교의 본질을 흐리고 관계를 왜곡시킬 위험이 있다.

재정 관리 또한 '믿음'과 '계획'의 조화를 이루어야 한다. 믿음으로 헌금과 후원을 의지하되, 현실적인 예산 운영과 장기 계획을 세워야 한다. 특히 의료비, 차량 유지비, 행정 비용 등은 사역비 외에 별도의 준비가 없으면 큰 부담이 된다.

사역 초기에는 '믿음으로 된다'는 태도보다, 지혜롭게 준비하고 절제하는 습관이 훨씬 오래가는 힘이 된다.

안전 문제 또한 결코 가볍게 볼 수 없다. 필리핀은 지역마다 치

안 수준이 다르고, 밤 시간 외출이나 현금 보관, 낯선 사람의 접근에는 늘 주의가 필요하다. 현지 문화를 존중하되, 불필요한 위험에는 단호히 선을 긋는 것이 지혜다.

결국 선교사의 생활 관리란 단순히 재정을 아끼거나 자신을 보호하는 차원이 아니다. 그것은 하나님의 일을 지속 가능하게 만들고, 현지인들과의 신뢰를 건강하게 유지하기 위한 영적 지혜의 표현이다.

언어와 문화 관리 - 관계의 뿌리 내리기

선교의 핵심은 결국 '관계'이다. 그리고 관계의 문을 여는 열쇠는 바로 언어와 문화다. 행정적인 문제를 해결하고, 생활의 기반을 마련했다고 해도 언어와 문화를 이해하지 못하면 선교사는 여전히 '이방인'으로 남는다. 사역의 지속 가능성은 결국 얼마나 깊이 현지 사회에 뿌리내렸는가에 달려 있다.

내가 필리핀에 처음 도착했을 때, 가장 먼저 느낀 벽도 바로 '언어'였다. 처음에는 영어도 서툰 나는 이들과의 대화에서 잘못 이해

  말과 마음: 필리핀 문화와 선교의 길

한 적이 한두 번이 아니다.

신학교 시절부터 필리핀을 오갔던 나는 영어를 잘하고 싶었으나 운동만 했던 나에게는 어떻게 공부해야 할 지 몰랐다.

영어 시간이었던가? 랩실 맨 뒷자리에 앉아 막 울었다. 나는 영어를 잘하고 싶은데 공부하는 방법을 모른다는 사실이 나를 슬프게 만들었다. 그렇게 소리 없이 막 울고 난 후, 이상한 일이 일어났다.

헤드셋에 영어 소리가 들리는 게 아닌가. 어! 영어가 들리니, 이제는 무엇을 대답해야 할지 머릿속에 떠올랐던 것이다. 이것이 은혜인가?

그렇게 나는 영어로 말을 할 수 있게 되었고, 이제는 타갈로그어까지 가능한 상태다. 그러나 필리핀 사람들의 마음을 여는 데는 역시 타갈로그어가 우선이었다. 그들의 정서는 모국어 속에 숨어 있었기 때문이다.

예를 들어, 어느 날 성도 한 명이 나이게 "Okay lang, Pastor(괜찮아요, 목사님)"라고 말했다.

그때 나는 그 말이 정말 '괜찮다'는 뜻인 줄 알았다. 하지만 나중에 알고 보니, 그 표현은 종종 '괜찮지 않지만 괜찮다고 말하는' 일종의 완곡한 표현이었다.

이처럼 단어 하나에도 문화가 담겨 있다. 언어를 배운다는 것은 문법을 익히는 일이 아니라, 그들의 감정 구조와 사고방식을 이해하는 일이다.

문화 역시 마찬가지다. 필리핀 사람들은 공동체적이며, 체면(hiya)과 관계(pakikisama)를 매우 중시한다. 따라서 그들의 문화 속에서는 직접적인 거절보다 돌려 말하는 방식, 간접적인 표현이 오히려 예의로 여겨진다. 이러한 문화를 모르면, 선교사는 쉽게 오해받거나 관계의 문을 닫게 된다.

나는 언어 공부를 단순히 '사역 도구'로 생각하지 않았다. 언어는 사람의 마음으로 들어가는 다리였다. 그래서 설교문을 쓸 때마다 타갈로그어로 직접 번역했고, 발음이 어려운 단어는 많게는 백 번 이상 연습한 적도 있었다.

또한 교사들에게 한 단어씩 검토를 부탁하며, 발음 하나, 억양 하나에도 진심을 담으려 했다. 그 과정은 느리고 때로는 힘들었지만, 그들의 눈빛 속에서 '우리의 목사님이구나'라는 신뢰의 싹이 트기 시작했다.

선교사의 언어와 문화 관리란, 결국 사람과 마음을 잇는 작업이다. 그 뿌리가 깊이 내려질 때, 선교의 열매도 오래 지속된다.

 말과 마음: 필리핀 문화와 선교의 길

행정이 기반을 세우고, 생활이 몸을 지탱한다면, 언어와 문화는 관계를 살아 있게 만드는 숨결이다.

영성과 정서 관리 - 내면의 리듬을 지키기

타 문화 속에서의 고립과 피로는 선교사를 쉽게 소진시킨다.

필리핀에서 선교사로 지내는 나는 무척이나 바쁜 하루를 보낸다. 내 핸드폰 알람은 4시 50분에 맞춰져 있지만, 실제로는 대부분 4시 반쯤에 일어난다. 그리고 곧바로 침대 끝자락에 앉아 기도로 하루를 시작한다. 기도는 대체로 10분에서 30분 사이에 마치고, 바로 샤워를 한다.

아침 식사는 늘 같다. 누룽지를 끓여 먹는 간단한 식사 후, 옷을 입고 솔라나 시내로 나가 세 명의 교사들을 데리러 간다. 그렇게 나의 하루가 시작된다.

학교에서 내가 맡은 시간표는 화요일 한글 수업, 수요일 채플, 목요일 한글 수업이다. 수업 외에도 건축과 농장 관리, 비자 관련 서류 준비 등 행정적인 일들이 끊이지 않는다. 오후 3시 40분, 수업이 끝나면 교사들을 다시 솔라나 시내에 데려다 주는 것으로 하루의 공식적인 일정이 마무리된다. 이렇듯 정신없이 하루를 보내다 보면 어느덧 한 해가 훌쩍 지나간다.

그러나 필리핀에서 느낀 점은 놀려고 하면 한없이 놀 수 있는 곳이라는 것이다. 아름다운 해변, 저렴하고 접근성 좋은 골프장과 각종 여가 활동…. 겉으로 보기엔 사역자의 피로를 달랠 좋은 환경처럼 보이지만, 사실 그만큼 자기 관리와 영적 리듬을 놓치기 쉬운 환경이기도 하다. 그래서 선교사는 무엇보다 내면의 리듬을 지키는 법을 배워야 한다.

외적으로는 늘 바쁘지만, 그 속에서도 멈추어 서서 하나님과의 교제를 회복하는 시간이 절실하다. 그렇지 않으면, 어느 순간부터 사역은 남고 하나님은 멀어지는 위험한 균열이 생긴다.

안타깝게도, 이런 사실을 인식하고 의도적으로 자신의 영적·정서적 리듬을 관리하는 선교사는 그리 많지 않다. 그러나 영성은 바쁜 사역 가운데서 새벽의 고요를 잃지 않는 훈련이며, 그것이 곧 선교사의 생명줄이다. 규칙적인 묵상과 쉼, 영적 재충전의 루틴이 필수적이다.

또한 가능하다면 동료 선교사와의 나눔도 중요하다. 그러나 지

 말과 마음: 필리핀 문화와 선교의 길

방 시골 선교사로서는 이 또한 여의치 않기 때문에 자기 자신의 주의가 절실히 필요하다.

사역 지속 가능성 – '버티는 힘'을 키우기

선교 사역에서 가장 큰 도전은 '시작'이 아니라 '지속'이다. 많은 사역자들이 열정으로 출발하지만 시간이 지날수록 현실의 무게와 외로움, 그리고 반복되는 피로 앞에서 멈춰 서게 된다.

나 역시 그런 시간을 지나왔다. 사역지의 땅을 기부받고 학교를 세우기까지 무려 9년의 시간이 걸렸다. 그 9년은 끝이 보이지 않는 기다림의 연속이었다.

땅을 기부받을 당시 초등학교 학생이었던 아이들은 학교가 문을 열 무렵 이미 대학생 혹은 사회의 초년생이 되어 있었다.

그 나이가 되기까지 아이들은 내게 어떤 생각을 했을까?

'선교사가 학교를 세운다더니, 왜 아무 일도 일어나지 않을까?'

그들이 그렇게 느꼈을지도 모른다.

그 시간은 나에게 기약 없는 기다림의 고통이자, 믿음의 인내를 배우는 혹독한 과정이었다. 그 시기 동안 내가 할 수 있었던 일은 단지 교회 사역에 집중하고, 기도하는 것뿐이었다. 눈에 보이는 진전은 없었지만, 하나님은 그 과정을 통해 내 내면을 다듬고 계셨다.

때로는 아무 일도 일어나지 않는 것처럼 보이는 시간 속에서 하나님은 우리 안에 보이지 않는 성숙의 뿌리를 자라나게 하신다.

그 기간 동안 나는 사랑하는 가족들을 연이어 하늘나라로 보내야 했다. 먼저 큰누나를 천국에 보냈고, 몇 년 뒤에는 둘째 누나도 주님의 품으로 갔다. 그리고 다시 2년 후, 마지막으로 어머니마저 천국으로 떠나셨다.

어머니의 장례식에는 어렵게 시간을 내어 참석할 수 있었지만, 누나들의 장례식에는 끝내 가지 못했다. 그때 느꼈던 무력함과 외로움은 말로 다 표현할 수 없었다.

선교사의 삶이란 때로 사람들에게 오해와 원망의 대상이 되기도 한다. 경제적으로 여유롭지 않기에 주변의 결혼식이나 장례식에도 자주 참석하지 못한다. 그럴 때면 마음 한켠에 미안함이 자리하지만, 하나님은 그런 부족함 속에서도 사역자를 붙드신다.

필리핀은 정확한 것이 드문 나라다. 지금은 스마트폰 보급률이 높아 시간을 맞추기 쉬워졌지만, 아날로그 시절의 필리핀에서는 정확한 시간 개념을 기대하기 어려웠다.

그래서 생겨난 말이 바로 '필리핀 타임(Philippine Time)'이다. 가령 어떤 행사를 하더라도, 초대된 주요 인사는 기본적으로 30분에서 한 시간은 지나야 도착한다. 누군가와 약속을 해도, 약속 시간이 되어서야 샤워를 시작하는 경우도 흔하다.

관공서에서도 마찬가지다. 업무 시간이 다 되었는데도 직원들이 자리에 앉지 않고 동료들과 담소를 나눈다.

그들은 내가 창문을 두드려 시계를 가리켜야만 겨우 자리로 돌아가 일을 시작하곤 했다.

필리핀에서는 무엇을 하든 기다리고 또 참아야 한다. 특히 나처럼 성격이 급한 사람에게는 참으로 어려운 일이다. 그러나 그 기다림 속에서 나는 조금씩 배워 갔다.

사역은 속도가 아니라 방향이며, 인내는 믿음의 또 다른 이름이라는 것을.

하나님은 우리에게 "끝까지 견디는 자"(마 24:13)가 되기를 원하신다.

'버티는 힘'은 단순한 의지의 근육이 아니다.

그것은 하나님 안에서 회복되는 영적 탄력성, 그리고 다시 일어설 수 있는 내면의 유연함이다.

이 힘이 있을 때, 환경이 바뀌어도 방향은 흐트러지지 않는다.

사역의 지속 가능성은 결국 '내면의 리듬을 어떻게 지키는가', 그리고 '공동체의 지지를 어떻게 누리는가'에 달려 있다.

그 중심에는 언제나 하나님과의 깊은 동행이 있다.

그분과 함께 걸을 때, 우리는 단지 버티는 것이 아니라 자라나며 버틴다.

맺음 말

필리핀 선교의 여정을 돌아보면, 언어는 단순한 의사소통의 도구가 아니라 사람의 마음으로 들어가는 다리였다.

말을 배운다는 것은 곧 그들의 세계를 이해하고, 그 안에 들어가 사랑으로 섬기는 첫걸음이었다.

타갈로그어 한 문장, 한 단어를 익히며 몸으로 배운 것은 단순한

 말과 마음: 필리핀 문화와 선교의 길

발음이 아니라 겸손의 자세였다.

언어는 기술이 아니라, 타 문화를 품는 마음의 표현이었다.

필리핀의 문화는 공동체적이며, 관계 중심적이다. 그래서 선교의 열매도 '얼마나 많은 사람을 세례를 주었는가'가 아니라, '얼마나 깊이 관계를 맺고 신뢰를 쌓았는가'로 나타난다.

Pakikisama(조화)와 Utang na loob(마음의 빚) 같은 개념들은 복음을 삶으로 전하는 과정 속에서 언어적 표현 이상의 문화적 통찰을 요구한다.

또한, 선교의 길은 시작보다 지속이 중요하다.

버티는 힘은 단순한 의지가 아니라, 하나님과의 깊은 동행에서 오는 영적 탄력성이다.

내면의 리듬을 지키고, 공동체의 지지를 누릴 때 사역은 단순한 '일'이 아니라 '삶'이 된다.

이제 필리핀 선교 현장에서 우리가 붙들어야 할 것은 '효율적인 전략'보다 진실한 관계, '빨리 이루는 사역'보다 끝까지 견디는 믿음이다. 그리고 무엇보다 중요한 것은, 하나님께서 지금 이곳에서 어떻게 일하시는가를 듣는 영적 민감성이다.

　결국, 선교란 '가서 가르치는 일'이 아니라, '함께 살아내며 배우
는 여정'이다. 이 여정 속에서 언어는 다리를 놓고, 문화는 마음
을 잇고, 하나님은 그 모든 과정을 통해 자신의 사랑을 완성해
가신다.

언어로 본 필리핀 선교의 교훈

언어는 단순한 의사소통의 도구가 아니라, 관계로 들어가는 문이었다. 선교 현장에서 언어를 배우는 일은 단지 설교를 준비하기 위한 기술이 아니라, 사람의 마음 깊은 곳으로 들어가는 길이었다.

모든 언어가 그렇듯, 처음 알파벳을 배울 때는 '쉽다'는 생각이 들 수 있다. 그러나 문법과 표현의 세계로 들어가면 대부분이 중도에 멈춘다.

그러나 그 길에서 포기하지 말라. 당신이 배우는 그 언어의 끝에는 당신의 말을 통해 하나님을 만나게 될 영혼들이 기다리고 있다. 그들은 당신과 깊은 마음의 이야기를 나누기를 원한다.

언어는 결국 반복의 예술이며, 단어의 싸움이다. 그 싸움에서 물러선다면, 어떻게 귀한 영혼들을 하나님께로 인도할 수 있겠는가?

지금부터 시작하라.

작은 한 단어, 한 문장이 쌓여 결국 복음의 문을 연다.

필리핀의 언어 안에는 관계, 존중, 그리고 공동체의 영성이 깃들어 있다. 그 언어를 배우며 나는 복음을 단순히 '번역된 말'로가 아니라, '살아 있는 말'로 전해야 한다는 진리를 배웠다.

언어를 배우는 일은 곧 사람을 배우는 일, 그리고 하나님의 마음을 배우는 일이었다.

현장 적용을 위한 지침과 제언

지금까지의 여정은 '언어를 통한 선교'가 단순한 기술이 아니라, 삶 전체를 드리는 순종의 과정임을 보여준다.

이제 그 배움을 실제 사역의 현장에 적용하기 위해 몇 가지 지침을 제안하고자 한다.

언어보다 사람을 먼저 보라.

언어는 사람의 마음으로 들어가는 다리다. 문법보다 마음을 배우고, 표현보다 관계를 쌓으라. 달의 정확함보다 진심의 온도가 사람의 마음을 움직인다.

배움의 과정을 사역의 일부로 여겨라.

언어 학습은 사역을 위한 준비가 아니라, 이미 사역의 한 부분이다. 배우는 그 과정 속에서 현지인들은 당신의 겸손과 진심을 본다.

공동체 안에서 언어를 배우라.

언어는 교실보다 사람들 속에서 자란다. 시장에서, 교회에서, 아이들과의 대화 속에서 자연스러운 언어의 숨결을 익혀라.

'정확한 말'보다 '살아낸 말'을 전하라.

언어의 완벽함보다 중요한 것은 그 언어 속에 복음의 생명이 담겨 있는가이다. 말보다 삶이 먼저 설교가 되도록 하라.

하나님과의 '내면의 대화'를 멈추지 말라.

언어를 배우는 것은 곧 하나님의 침묵 속에서 그분의 음성을 배우는 일이다. 사역의 열매보다 하나님과의 동행을 더 귀히 여기라.

언어는 배우는 자를 겸손하게 만들고, 관계는 선교사를 선교사답게 성장시킨다.

필리핀이라는 나라의 언어와 문화의 땅에서 배운 모든 경험이, 결국 '하나님의 나라를 말하는 새로운 언어'로 이어지기를 소망한다.